山西古村镇系列丛书

碛口古镇

山西省住房和城乡建设厅组织编写

薛林平　王鑫　赵雅威
王文泱　樊梦蝶　朱宁
著

中国建筑工业出版社

图书在版编目(CIP)数据

碛口古镇／薛林平等著．—北京：中国建筑工业出版社，2018.10
（山西古村镇系列丛书）
ISBN 978-7-112-22668-9

Ⅰ．①碛… Ⅱ．①薛… Ⅲ．①乡镇-古建筑-介绍-临县 Ⅳ．①K928.71

中国版本图书馆CIP数据核字（2018）第206160号

责任编辑：费海玲　张幼平
责任校对：王　瑞

山西古村镇系列丛书
山西省住房和城乡建设厅组织编写
碛口古镇
薛林平　王　鑫　赵雅威　王文泱　樊梦蝶　朱　宁　著
*
中国建筑工业出版社出版、发行（北京海淀三里河路9号）
各地新华书店、建筑书店经销
北京方舟正佳图文设计有限公司制版
北京中科印刷有限公司印刷
*
开本：787×960毫米　1/16　印张：14　字数：260千字
2019年4月第一版　2019年4月第一次印刷
定价：58.00元
ISBN 978-7-112-22668-9
(32781)

《山西古村镇系列丛书》

《碛口古镇》

著　者：薛林平　王　鑫　赵雅威

王文泱　樊梦蝶　朱　宁

丛书总序

我曾多次到过山西，这里丰富的历史遗存和深厚的人文底蕴，令人赞叹，给人的印象非常深刻。山西省建设厅张海同志请我为《山西古村镇系列丛书》作个序，在这里我就历史文化遗产和古村镇保护等有关问题谈一些粗浅的想法。

国际经济社会发展的经验证明，一个国家城镇化水平达到30%以后，城镇化进程不断加快，随之出现城市建设的高潮；人均生产总值达到1000～3000美元时，进入经济发展的黄金期，也是多种矛盾的爆发期，这个时期不仅可能引发各种社会矛盾，还会出现许多问题。我国城镇化水平2003年就已经超过了40%，人均生产总值2006年已经超过了2000美元，国民经济快速发展，城镇化进程不断加速；在城市建设日新月异的发展中，中央又审时度势提出了“两个趋势”的科学判断，作出了加强小城镇和新农村建设的决策。过去，我国城市的大批建筑遗存，正是在大搞城市建设中遭到毁灭性破坏。现在，我国农村许多建筑遗产，能否在小城镇和新农村建设中有效保护，正面临着严峻考验。处理好小城镇和新农村建设与古村镇保护的关系，保护祖先留下的非常宝贵、不可再生的文化遗产，是历史赋予我们义不容辞的责任。

对于建筑历史文化遗产的保护，人们的观念不断创新、思路逐步调整、方法正在改进，从注重官府建筑、宗教建筑的保护，向关注平民建筑保护的转变；从注重单体建筑的保护，向关注连同建筑周边环境保护的转变；尤其是近年来，特别关注古村镇的保护。因为，古村镇是区域文化的“细胞”，是一个各种历史文化的综合载体，不仅拥有表现地域、历史和民族风情的民居建筑、街区格局、历史环境、传统风貌等物质文化遗产，还附着居住者的衣食起居、劳动生产、宗教礼仪、民间艺术等非物质文化遗产。我国现存有大量的古村镇，其历史文化价值和社会经济价值都是巨大的，按照英格兰的统计方法，古村镇的价值应占到GDP的30%以上。然而，认识到这一点的人并不多，甚至有人认为古村镇、古建筑是社会发展的绊脚石，这种观点对于文化的传承和社会的进步都是极为不利的。在快速推进的城乡建设浪潮中，我们所面临的最大问题就是，大批历史古迹被毁坏，大批古村镇被过度改造，使中华民族的历史文化遗产严重损坏。在这个时候提出古村镇的保护，实际上是一项带有抢救性的工作。

2008年1月1日开始实施的《城乡规划法》，突出强调了保护历史文化遗产的重要性；2008年4月又颁布了《历史文化名城名镇名村保护条例》。历史文化名城保护工作已开展近30年，历史文化名镇名村保护工作也已启动，现在大家基本达成共识，保护有价值的古村镇，其实就是“保护文化遗产，弘扬优秀的传统文化……保持民族性，体现时代性”。但是，当前全国历史文化村镇保护的形势仍然不容乐观，保护工作极不平衡，一些地方还未认识到整体保护历史文化村镇的重要性，忽视了周边环境风貌和尚未列入文物保护单位的优秀民居的保护，制定和完善保护历史文化村镇规划的任务还十分艰巨；一些地区片面追求经济效益，对历史文化村镇进行无限度、无规划的盲目开发；一些地方擅自改变国有文物保护单位的管理体制，交给企业经营管理。

作为华夏文明的发祥地之一，山西有着丰厚的文化积淀和历史遗存，不仅有数量众多的古建筑，还保存有大量的古村镇。由于山西历史悠久、民族聚居、文化融合、地形差异等多因素影响，再加之较为发达的古代经济，建造了大量反映农耕文明时代、各具特色的古村镇。这些古村镇，一是分布在山西中部汾河流域，以平遥古城为中心，以晋商经济为支撑，体现晋商文化特色；二是分布在晋城境内沁河流域，以阳城县的皇城、润城为中心，以冶炼工业及商贸流通为支撑，体现晋东南文化特色；三是分布在吕梁山区黄河沿岸，以临县碛口古镇为中心，以古代商贸流通、商品集散为支撑，体现晋西北黄土高原文化；四是沿山西省内外长城，在重要边关隘口，留存了防御性村堡，体现边塞风情和边关文化，在山西统称为“三河一关”古村镇。这些朴实生动和极富文化内涵的古村镇，是人类生存聚落的延续，是中国传统建筑的精髓；保存有完整的古街区、大量的古建筑，体现着先人在村镇选址、街区规划、院落布局、建筑构造、装饰技巧等方面的高超水平；真实地反映了农耕文明时代的乡村经济和社会生活，凝聚了劳动人民的智慧，沉淀了中华民族的优秀文化，传承了丰富的历史信息；具有浓郁的地方特色和很高的研究价值，是人类共同的文化遗产和宝贵财富。

山西省建设厅一直对古村镇及其文化遗产的保护非常重视，从2005年开始，对全省的古村镇进行了系统普查，根据普查的初步成果，编辑出版了《山西古村镇》一书；同年，主办了“中国古村镇保护与发展碛口国际研讨会”，并通过了《碛口宣言》。报请省政府下发了《关于历史文化名镇名村保护工作的意见》，并分两批公布了71个“山西省历史文化名镇名村”，其中18处已经成为“中国历史文化名镇名村”。为大部分古村镇制定了科学的保护规划，开展了多层次的保护工作，逐步形成了科学、合理、有效的保护机制。为了不断提高人们的保护意识，他们又组织编写了《山西古村镇系列丛书》，本系列丛书撷取山西有代表性的古村镇，翔实地介绍了其历史文化、选址格局、建筑特色、非物质文化遗产，内容较为丰富。为了完成书稿的写作，课题组多次到现场调查，在村落中居住生活了相当一段时间，积累了大量第一手资料。通过细致的测绘图纸和生动的实物照片，可以看到他们极大的工作热情和辛勤劳动。这套丛书不仅是对古村镇保护工作的反映，更有助于不断增强全社会的文化遗产保护意识。让我们以此为契机，妥善处理保护与发展的关系，做到科学保护、有效传承、永续利用历史文化遗产，不断开创历史文化名镇名村保护工作的新局面。

是为序。

原住房和城乡建设部　副部长

目　录

丛书总序

第一章　河声岳色，九曲名镇 …… 1
一、碛口概述 …… 2
二、碛口变迁 …… 10
三、古镇格局 …… 17
1. 平面组织 …… 17
2. 竖向组织 …… 17
四、古镇街巷 …… 23
1. 街巷格局 …… 23
2. 巷道 …… 25
五、碛口建筑概述 …… 33
1. 小院落合院 …… 33
2. 大院落合院 …… 44
六、窑洞门脸 …… 45
第二章　物阜民熙，西市院落 …… 55
一、锦荣店 …… 59
二、荣光店 …… 62
三、大顺店 …… 68
四、崇合店 …… 71
五、四合堂（新华商行和贸易局） …… 74
六、天聚永 …… 80
七、义诚染（万全店） …… 84
八、厘金局（复合店） …… 88
九、裕后泉（四十眼窑院） …… 92

C　O　N　T

十、永顺店 …… 97
十一、楼楼店 …… 100
十二、广生源 …… 103
十三、十义镖局 …… 108
第三章　市列珠玑，中市楼阁 …… 113
一、永丰店 …… 116
二、丰记货栈 …… 122
三、兴胜韩 …… 125
四、世恒昌 …… 131
五、祥记烟草 …… 136
六、大德通钱庄 …… 140
七、义记美孚和洋火店 …… 143
第四章　驼铃骡马，东市窑台 …… 147
一、广泰当局 …… 148
二、骡马店 …… 157
第五章　水德之瑞，卧虎黑龙 …… 163
一、碛口寺庙建筑概述 …… 164
二、黑龙庙选址与整体空间特征 …… 168
三、黑龙庙建筑营造与装饰 …… 171

附录 …… 181
一、院落索引 …… 181
1.院落编目 …… 181
2.院落图解索引 …… 182
二、碑文 …… 183

E　N　T　S

1. 乾隆丙子碑 183
2. 道光丁未碑 183
3. 民国5年与民国8年碑 184
4. 重修黑龙庙碑记 185
三、口述实录 186
1. 李家山村李海友 187
2. 西湾村陈俊万 193
3. 碛口镇白根应 198
4. 碛口镇崔抵全 200
5. 寨则山村陈贵生 204
后记 213

C O N T E N T S

【第一章】

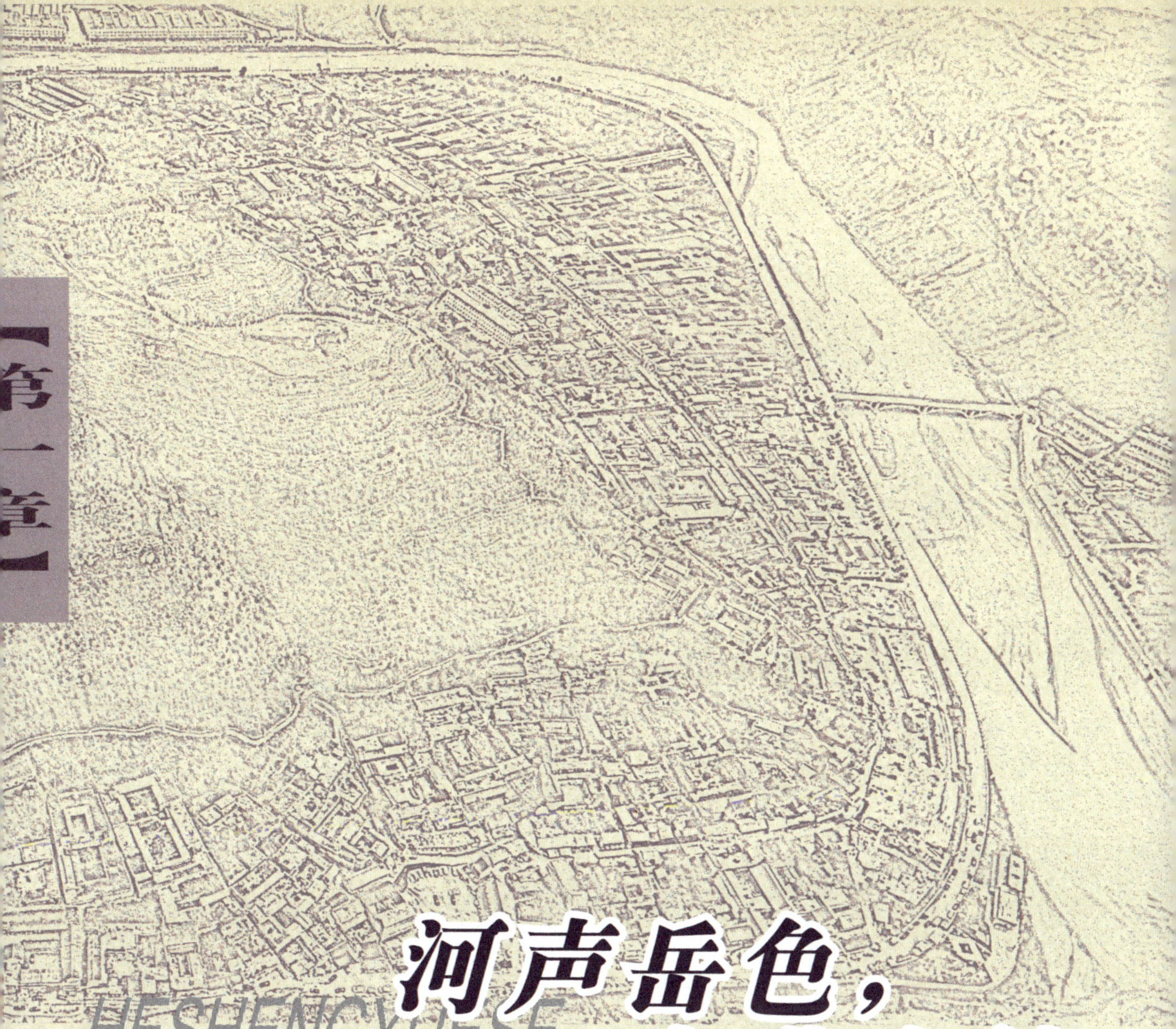

河声岳色，九曲名镇

HESHENGYUESE JIUQUMINGZHEN

一、碛口概述

碛口镇（图1-1）坐落于山西省西部，位于吕梁市临县，南邻柳林县，西与陕西省吴

图1-1 碛口古镇鸟瞰

堡县隔黄河相望（图1-2）。古镇本身的环境可以归结为“一山二水”，背倚卧虎山，面朝黄河与湫水河交汇处（图1-3）。东汉许慎所著《说文》言：“碛，水陼有石者”，即水边的沙石浅滩。两河交汇形成一险滩，名为“大同碛”（图1-4），古镇在其北侧，故名“碛

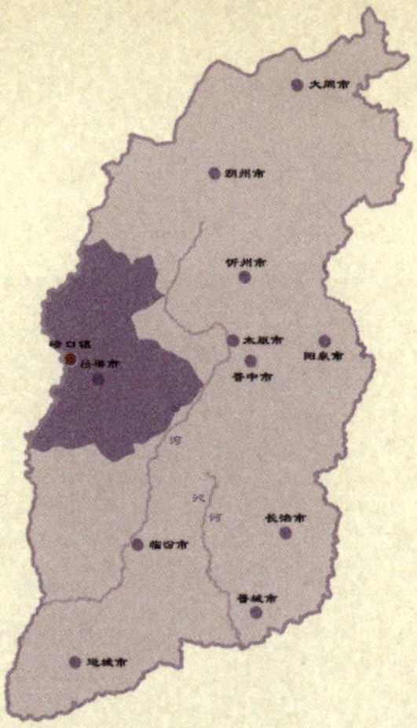

图1-2 碛口镇区位图

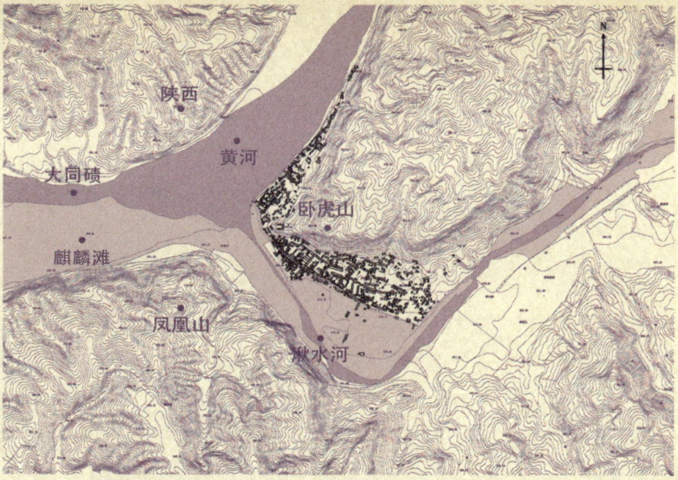

图1-3 碛口镇周边环境要素分析图

图1-4 远观大同碛

口”，又称黄河“二碛”[1]。

黄河流经卧虎山脚下，水流湍急的湫水河携带着大量河沙拦腰汇入，在入口下游黄河东岸堆积成一个近1000米的砾石滩，名为麒麟滩（图1-5）；麒麟滩把原本400米的黄河水道挤压成80米，致使下游狭窄的水道内水流流速骤增，暗礁林立，险象环生。因大同碛这一险滩，来自上游的货运大船无法通行，于是借卧虎山良港卸货转水运为陆运。由此，这里逐渐形成货运码头，即是碛口的前身。

图1-5 麒麟滩

万里黄河[2]，九曲入海，奔驰于苍茫华夏大地之上，在内蒙古境内宛转曲回，哺育了富饶的河套平原，转而自北向南，冲过黄土高原，流转经晋。湫水河拦腰汇入黄河，把秦晋大峡谷[3]冲出一个缺口，夹于两河之间的大峡谷缺口处的即是碛口。河套地区经济及蒙晋商道的发展给碛口繁荣带来了契机。清政府因连年对西北用兵的战略需要，在黄河上游蒙古及新疆地区进行了大规模的屯垦，这使西北河套地区的农牧业得到了极大的发展，古语有云：“黄河百害，唯富一套”，西北和内蒙古河套地区农牧业稳定发展，所产粮食不仅可以自给自足，亦可外运他省，而山西省地狭人稠，土地贫瘠，天灾不断，粮食长期不能自给，而蒙粮内运为山西带来了转机。黄河分隔秦晋两地，河道两岸地势险峻，没有缺口，给两地的物资交流往来带来了很大的阻碍，而湫水河在峡谷中段冲开了一个缺口，使依傍于此的碛口成为临县的门户，沟通两岸，联系上下游。

同时，西北与华北两大经济区之间古老的陆上通道更是为碛口的发展作足了铺垫。碛口处于秦晋大峡谷中段东岸最好的出口，恰巧是离晋中和太原最近的出口之一。而从太原经榆次向东从娘子关出太行山，便是石家庄，从此一马平川可以北上京津，南下邯郸、郑

1 山西吉县的壶口为第一碛。
2 黄河全长约5500公里。
3 秦晋大峡谷位于陕西省韩城市与山西河津之间，全长约70公里。

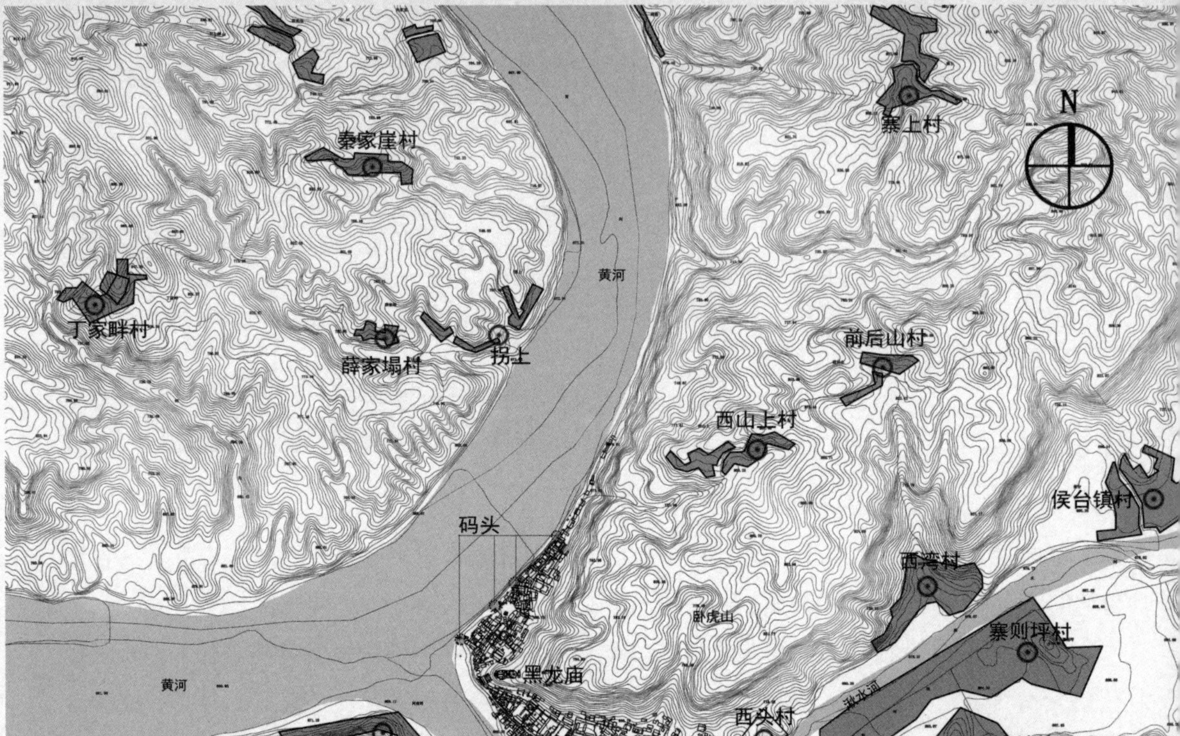

图1-6 碛口古镇及周边村落群分布图

图1-7 黄河壁画

州，东南便是济南。碛口正是在这样的大背景下作为内地与河套地区贸易的中转站，陕晋两地的纽带而崛起。

碛口的繁华带动了周边的经济发展，吸引了越来越多的商贾。但是，受碛口地理条件的限制，适宜建造的用地仅能满足商用店铺的需求，所以大部分在此定居的商人以碛口为中心，以家族为单位，在周边建造了多个村落用于居住。碛口周边原有的村落也借势发展壮大。目前古镇周边仍有李家山村、西湾村、河南坪村、陈家塬村、寨则坪村、高家坪村、白家山村等古村落（图1-6）。所以，碛口镇所代表的不是单个村镇，而是以碛口为中心涵盖周边村落群的整个经济生活文化圈。

碛口地处黄土丘陵沟壑地区，千百年来的风吹水切，形成了山峦起伏、沟壑纵横的地貌。这一带土壤常年受到水流侵蚀，水土流失严重，沟谷下切较深，基岩裸露。黄河河水冲刷两岸的砂岩，经年累月形成壮丽的地景地貌，由大同碛沿黄河逆行北上30余公里，便能遇到大自然的鬼斧神工之作——“黄河壁画”[1]（图1-7）。

1　“黄河壁画”位于山西省临县碛口古镇以北30余公里处。岸边石壁因黄河水冲刷侵蚀，形成大大小小无规律的各种形状的沟壑和纹理，如一幅幅精美的画卷。

图1–8 碛口孩童

依山层叠而上的窑洞，四通八达的巷道，宽敞的院落，点缀在漫天黄土中的苍翠枣树，都是碛口独特的风景。镇内的原住民已不多，但人们的生活依然丰富。他们主要依靠旅游业维持生计，生活闲适安逸。走在古镇路上，总会偶遇顽皮的孩子、聊天的男人、卖手工艺品的阿娘、做饼则的阿公。每到佳节祭祀拜谒之时，伞头秧歌通俗明快的唱词混杂着地方音韵，大唢呐高亢浑浊的腔调和着紧密的锣鼓声，气氛热烈，让人醉心于黄土高原雄浑古拙的风情。值得一提的是，伞头秧歌与临县唢呐于2006年入选山西省第一批非物质文化遗产，临县唢呐于2014年入选第四批国家级非物质文化遗产代表性项目名录（图1–8～图1–17）。

图1-9 碛口布艺

图1-10 临县唢呐演奏

图1-11 走街串巷的挑货大爷

图1-12 街头抽烟的老伯

图1-13 碛口居民婚礼全家福

图1–14 赶集售饼的师傅

二、碛口变迁

碛口和湫水之名最早见于《隋书》[1]。据《隋书·帝纪第二·高祖下》及《隋书·列传第十六·长孙晟》记载，该区域为面对匈奴的防御要塞，曾有战功显赫的北伐大将驻守于此。元、明乃至清乾隆时期，湫水河沿岸各村各镇的地方志中对于碛口的记载仅有寥寥数字，可证实碛口之存，却无详文介绍（图1–18）。

1　《隋书·帝纪第二·高祖下》记载："仁寿元年（601年）五月己丑，突厥男女九万口来降。壬辰，骤雨震雷，宜君湫水移于始平。"《隋书·列传第十六·长孙晟》记载："仁寿元年，晟表奏约：'臣夜登城楼，望碛北有杀气……欲灭匈奴，宜在今日'……达头众大溃，西奔土谷浑，晟送染干安于碛口。"

图1-15 碛口特色饼则

图1-16 碛口特色饼则烘烤过程

图1-17 铡草的居民

据西湾村《陈氏家谱》（图1-19）记载，明代黄河河运开发之初，本地虽已有水运，但碛口以东五里外的侯台镇才是物资转运中心。对岸货物运抵碛口后，往往由人力或畜力运到侯台镇，再由侯台镇转运至中原。相较于侯台镇农业富庶，碛口则鲜有人定居。清乾隆二十三年之后（1758年），湫水河与黄河同时暴涨，洪水冲毁了湫水边的侯台镇和黄河

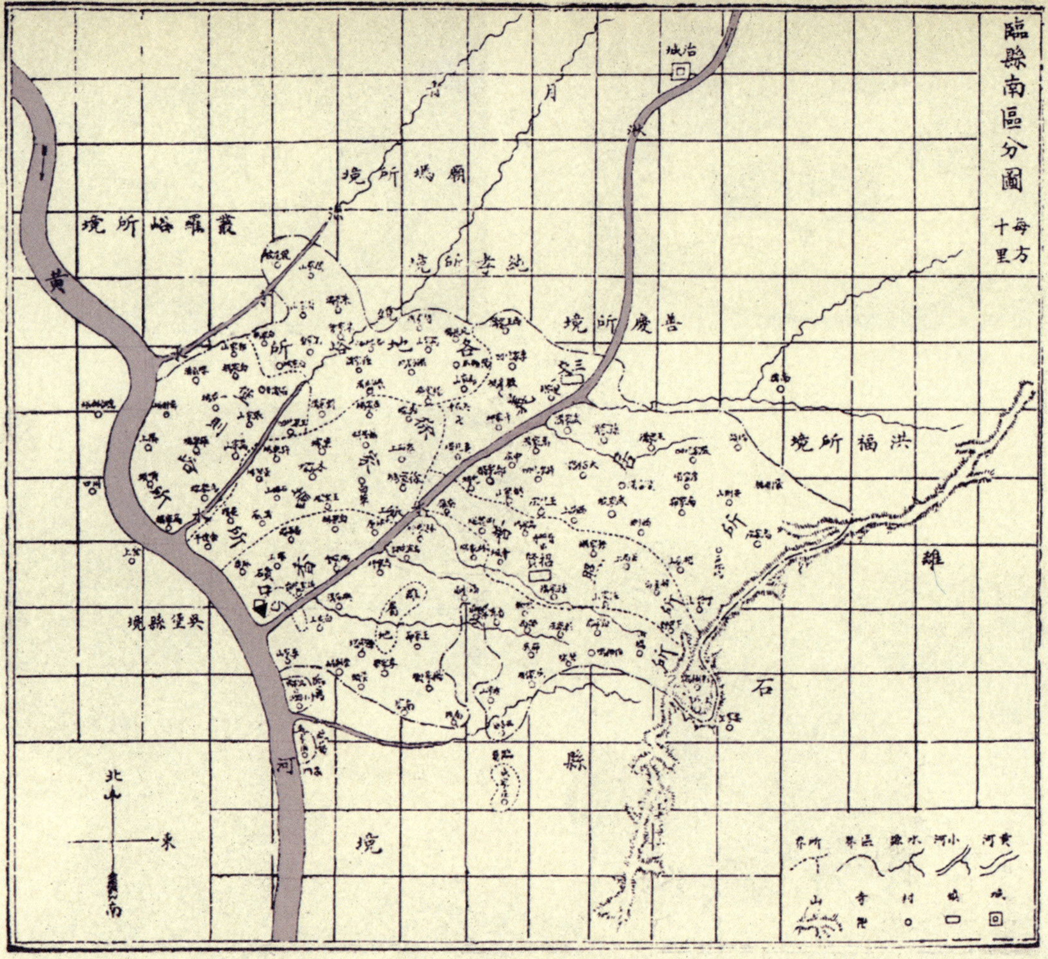

图1—18 《临县志》临县南区分图

边的曲峪镇，两镇商民渐移居于碛口，物资转运中心转移。凭借得天独厚的地理条件，碛口成为新的水陆转运中心，亦是黄河中游航运的终点。[1]

碛口作为水旱转运码头，从清康熙年间起步。自乾隆年间到20世纪30年代末的二百多年是碛口经济的鼎盛时期，其中光绪年间最为繁荣。清光绪三年（1877年）的《永宁州志·孝义》中记述："至今碛口遂为巨镇，秦晋之要津焉。"享有天时地利的碛口吸引了八方巨贾

1　此段根据陈志华《古镇碛口》相关内容编写。

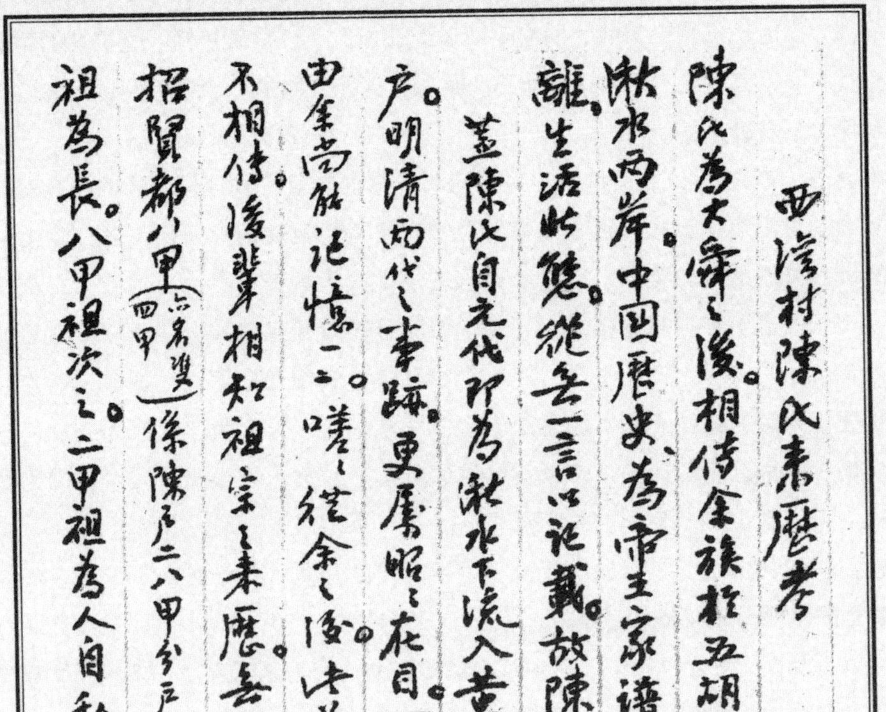

西灣村陳氏來歷考

陳氏為大舜之後。相傳余族於五胡亂華時由河南遷民來住湫水兩岸。中國歷史為帝王家譜序記。對民間遷移流離，生活狀態，從無一言以記載。故陳氏之遠跡無從考矣。

蓋陳氏自元代即為湫水下流入黃河口左右兩山聚居之老戶。明清兩代之事跡，更屢昭之在目。可考之碑文石刻地丁戶册由余尚能記憶一二。嗟嗟，從余之後，此為封建殘餘，文人學士既不相傳，後輩相知祖宗之來歷無從知矣（寨子塬山神廟均有石牌碑、河南塬有石廟碑一座）。

招賢都八甲（六名堡 四甲）係陳氏二八甲分戶之開始（時在明末清初）。相傳二甲祖為長。八甲祖次之。二甲祖為人自私。有意騙乃弟。陳家塬

图1—19 西湾村《陈氏家谱》

汇聚，为古镇的蓬勃发展锦上添花。他们往返于全国各地收罗商品，在蒙古归化与中原地区之间构建桥梁，借由必经之道碛口将绸缎、煤油、茶叶、生熟铁制品等物资销往伊犁、恰克图，及欧洲，同时也把来自大西北的皮毛油碱运往中原。碛口因黄河水运昌盛两百年，成为重要的商贸中心，其影响力近抵山西离石、吴城、汾阳、柳林，及陕西河曲、米脂、榆林等地，远至陕甘宁内蒙古。

《临县志·商业》[1]记载，清末至民国初年，临县全县正式挂号登记的坐商有二百六十多家，其中县城只有十五家，而碛口有二百零四家，为县城的13.7倍。黑龙庙上的碑文记载着当时碛口开设的部分商号，既有碛口人在外地开设的商号，也有晋商大户到碛口开设的商号。《临县志》商业篇中描述："……每年经碛口转运甘草达三百五十万公斤。每年从磴口一带航至货船不下四千余艘。……全镇有较大的粮油店两家，棉花店两家，焚金炉三家，银匠铺六家，染坊十家，磨坊三十余家，骡马店三十余家。其余为当铺、皮毛店、盐碱店、饭店、京广杂货店等。市面货币流通额达一百五十万银元。"可以想见当时古镇商铺林立、人头攒动、热闹非凡的盛景。

20世纪20年代伊始，铁路的发展吹响了新时代的号角，却给繁荣了二百多年的碛口镇奏鸣了衰亡的序曲。1922年京包铁路、1937年同蒲铁路、1935年陇海铁路陆续通车，蒙晋两地的运输更为便捷、安全且廉价。从内蒙古最富庶的河套地区到京津、东北和太原、晋中的客货，可直接从包头经火车运至大同后再经公路转运到达各地，不必再经黄河水运，在碛口转骆驼骡马涉水跋山。而且同时期，1926～1929年当地旱灾、洪灾、兵灾不断，经济状况不佳。"天灾人祸，靡岁不臻，地力日竭，收益日歉，求过于供，粮价昂贵，生计艰难。"[2]晋蒙商道粮货源头受重创断档，蒙晋商道日益萎靡，水陆转运中心碛口货运逐渐缩减。

1938年到1942年，抗日战争时期，日军侵占了黄河沿岸包括碛口在内的多个重要口岸。期间，日军8次扫荡碛口，烧杀劫掳，不仅使碛口了无生机，也让辉煌灿烂了二百多年的蒙晋商道几近凋敝。红军于1936年建立晋绥、晋西北根据地，1940年在临县建立了抗日民主政权，使碛口成为晋陕根据地之间联系的要道，经济有所恢复，碛口重归熙熙攘攘、摩肩接踵的热闹景象。

土地改革时期，碛口镇的商业建筑大量分配给周边百姓居住，但由于缺乏经济来源

1　临县志编纂委员会. 临县志.北京：海潮出版社出版，1994.321.

2　段绳武.开发后套的商榷.禹贡半月刊，1936.第六卷（第五期）：541.

和产业支撑，难以维系大量人口的聚集，镇上很多建筑空置、荒废以至拆毁。1959年到1961年“三年困难时期”，居民们拆掉原来大商号的二层木构房子卖木料，甚至把巷口小过街楼上层木构部分也拆掉了。“文化大革命”时期，镇上巷口过街楼券洞上的匾额被认为是“四旧”而大量拆毁。碛口逐渐被人遗忘，消隐于黄土高原上纵横的山壑之中（图1–20）。

1999年以后，随着历史遗产保护工作的不断推进与旅游业的发展，历经百年兴衰巨变的商镇碛口，在沉寂了几十年后，其所承载的历史价值、建筑价值、文化价值终于受到人们的重视。 2005年碛口镇被列入第二批中国历史文化名镇，同年10月在碛口召开“中国古村镇保护与发展碛口国际研讨会”，签署并发表了《碛口宣言》[1]。2006年国务院公布“碛口古建筑群”为第六批全国重点文物保护单位，同时世界遗产基金会将碛口

图1–20 20世纪90年代的碛口的街巷

1 2005年在山西碛口古镇发布《中国古村古镇保护与发展碛口宣言》，简称《碛口宣言》。

图1–21 碛口镇远眺

古镇列入当年度世界百大濒临危险的文化遗址。古镇终于拂去历史的尘埃，再一次站在世界的舞台上。

时光荏苒，碛口褪去“黄河第一镇”的美誉，留下的是古拙的小镇和质朴的乡民。古镇静静盘卧在黄河水畔，素净的商铺里仿佛回荡着账房先生算账拨珠的声音；听涛阁远眺滚滚黄河水，烟雾水华中如若有万舸待发；巷内斑驳老墙上的拴马石上好似拴着驼铃叮当的骡马。尽管“河声岳色”再也写不出“大文章”，但她却宛若一个梦境，在诉说着过去的繁华与蹉跎（图1–21）。

三、古镇格局

碛口镇是典型的商业古镇，不同于按风水观念营建的居住型聚落，其环境选址是以具体地理地貌为条件和背景，考虑产业需求，结合内部小环境的地势特点，逐渐发展形成的（图1—22）。

1.平面组织

碛口古镇（图1—23、图1—24）沿黄河及湫水河岸边呈线性展开，形成带状空间。空间布局上主要分为西市区、中市区、东市区三个部分，西市区及中市区自北向南沿黄河东岸排布，建筑主要为东西朝向；东市区主要分布在湫水河北岸，建筑主要为南北朝向。

碛口古镇的三个片区充分利用各自地理条件，形成明确分工，保证高效快捷的运营（图1—25）。其中，西市区沿黄河岸边分布，码头众多，从别地运来的货物需要在西市卸下，因此衍生出一系列的货栈、商行、染坊等商业建筑。中市区作为核心区域，是最繁华的地段，主要有钱庄票号等金融机构，以及洋火店和烟草店等商铺。沿黄河水运过来的商品都要从东市转运到内陆地区，因为当时陆路交通主要靠骡马和骆驼，所以东市的商铺类型主要为骡马店、骆驼店，亦有小吃店、镶牙铺等辅助性商铺。

2.竖向组织

碛口古镇建设用地稀缺，依山而建的靠山窑结合山体的坡度和走向呈现出“立体交融式”的布局特点，解决了平面用地不足的问题（图1—26）。下层窑洞的屋顶就是上层窑洞的前院，为上层住户提供较为开阔的室外活动空间。高低错落的厦檐，也为整个古镇的空间增添了趣味性。

临县一带属于暖温带大陆气候，受季风影响，四季分明，夏热冬冷，太阳辐射强，昼夜温差大。气候条件决定了古镇剖面空间的布局特点，院落的上下叠加以及利用狭长巷道连接左右均可以减少墙体散热，同时利用黄土蓄热系数大的特性降低窑洞内部温度波动。由于水土流失严重加上夏季多雨，容易造成山石滑坡和洪涝灾害，垂直于山势的纵向巷有利于将雨水直接排入黄河，避免房屋遭到破坏（图1—27）。

图1–22 碛口全景照片

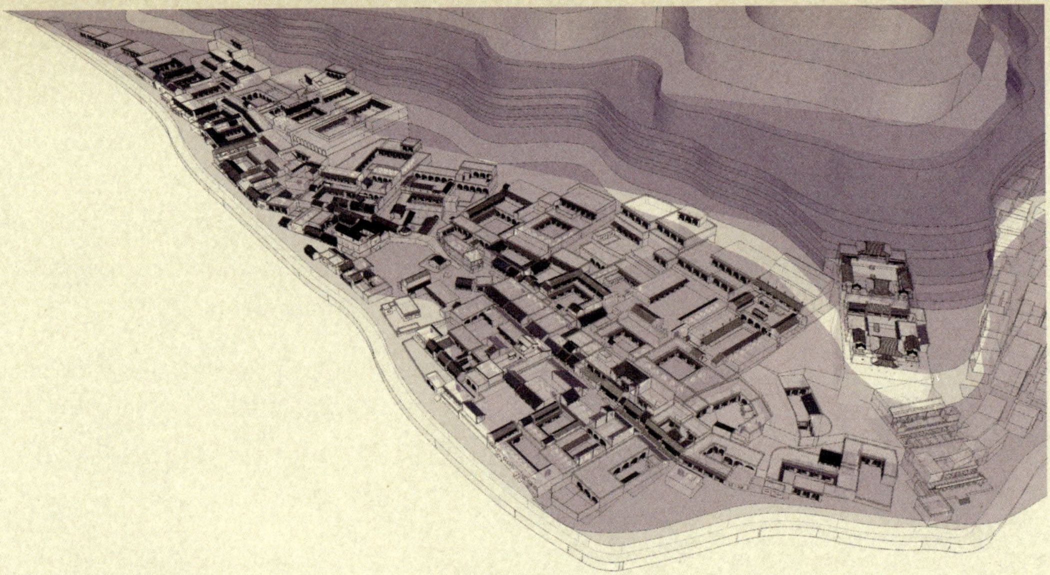

图1-23 黄河沿岸全景模型

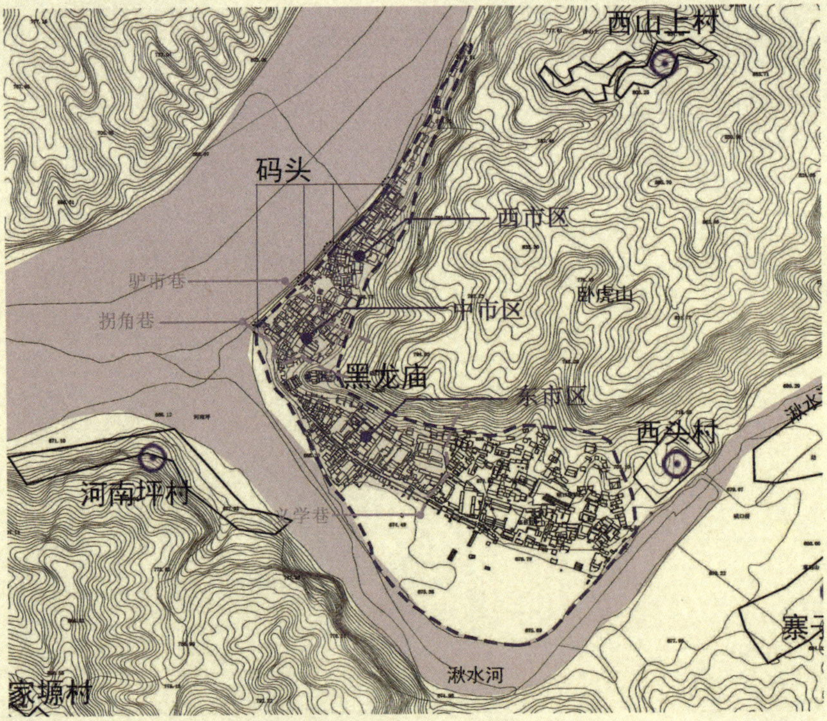

图1-25 碛口古镇总体平面布局图

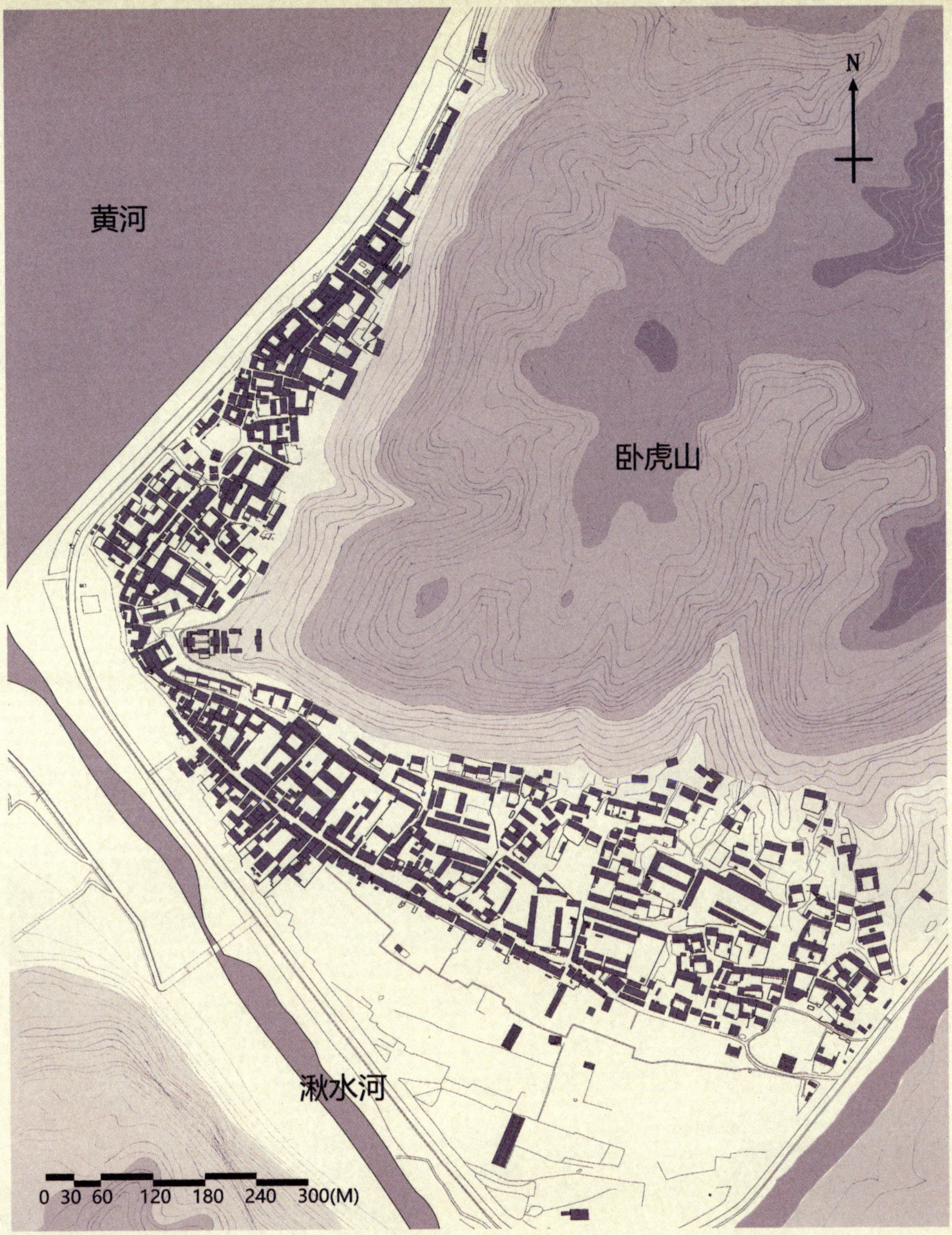

图1—24 碛口古镇总平面图[1]

1 此图改绘自《山西省碛口古建筑群（碛口镇及西湾村）保护规划》.北京清华城市规划设计研究院，2009.

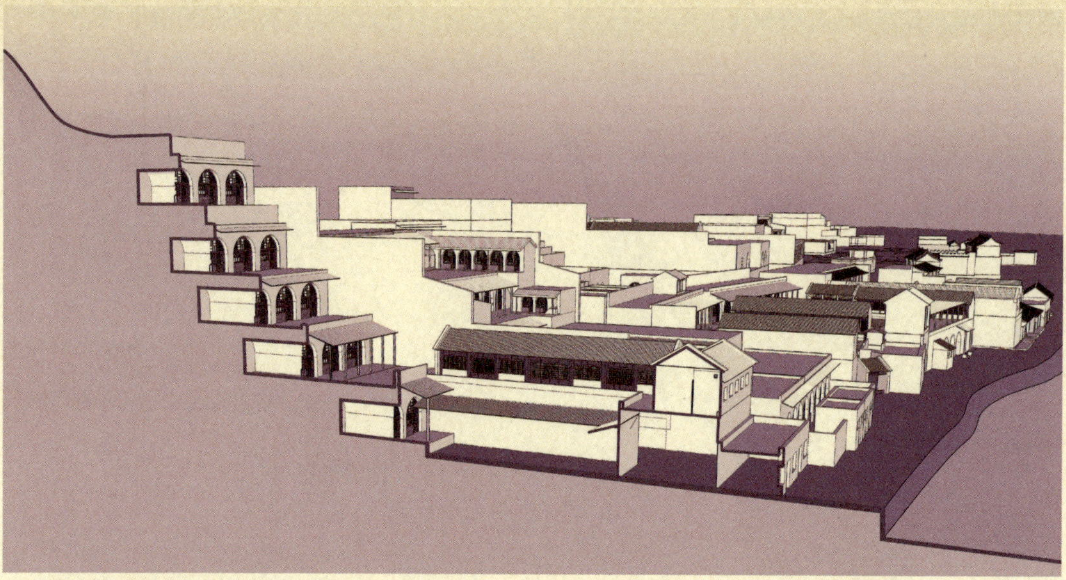

图1-26 碛口剖面空间组织图

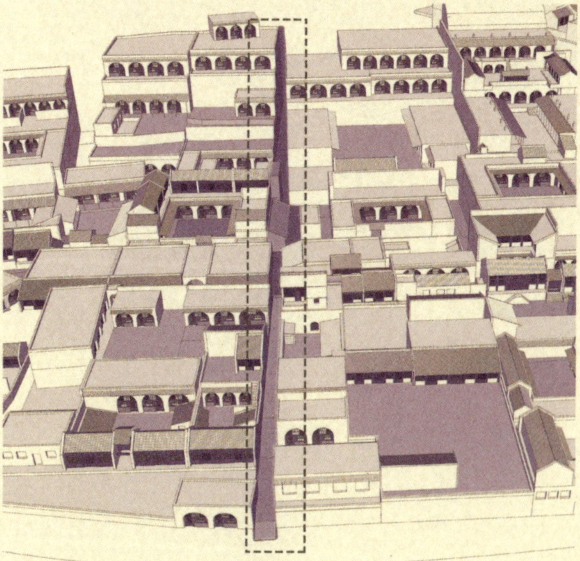
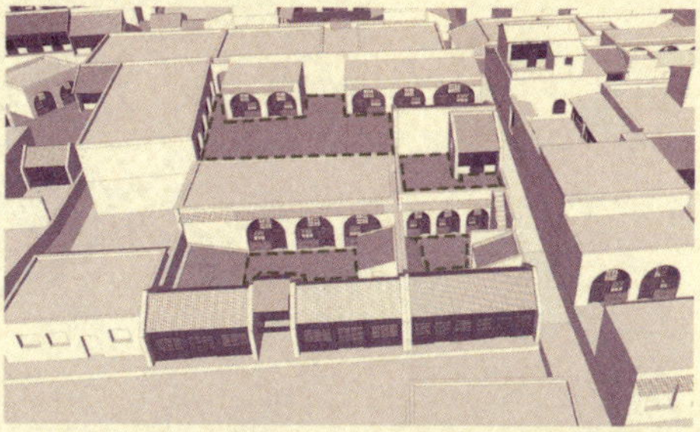

垂直巷道

层叠院落

图1-27 古镇建筑排涝体系示意图

四、古镇街巷

1.街巷格局

碛口古镇的街巷格局清晰明了，可以概括为“三街十三巷”。三街分别为西市街、中市街、东市街，总称为“长街”，有“五里长街”之称，也被当地人称为“正街”。三街贯穿于整个碛口古镇，形成清晰的主要交通干道。十三巷为分别垂直于主街的主要山巷，为次一级的交通道路。另外，还有一些连接街与巷、巷与巷、巷与户、户与户之间的狭窄巷弄，为第三级道路。与中市街平行的沿黄河一侧还曾经有二道街和三道街，1940～1950年间陆续被洪水冲毁，现仅存二道街部分遗址，而三道街的位置已经无法准确辨认（图1-28）。

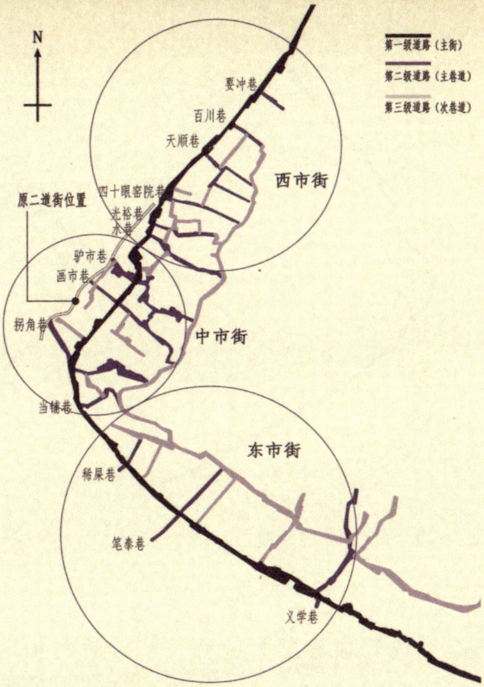

图1-28 街巷等级示意图

(1) 街巷空间的形成过程

碛口古镇整个街巷系统，是逐步形成和完善的，也是一个理性与非理性结合的发展过程。传统的发展模式主要有两种：一是根据风水和地势得到的理性秩序，其方式常常表现为先有街道后有房屋；二是根据需求自然生成的道路格局，结果常表现为先有建筑后形成街道。而碛口作为传统商镇的代表，它的道路生长模式不是单纯的某一种，而是综合发展形成的道路格局。

作为码头古镇，最先形成的是黄河及湫水河沿岸的主要商业街，主要商业建筑沿主街两侧排布，这一阶段处于理性秩序的控制下。随着古镇规模扩大，长街两侧建筑趋于密集，适于建设的用地逐渐被建满。受山地限制，开始向坡地发展。根据实际使用需求，建筑形态及布置方式更加自由。为解决交通及排水问题，逐渐出现巷道。后期由于巷道坡度较大，为了便于山上往来，逐渐连通每个院落，而出现横巷（图1-29）。

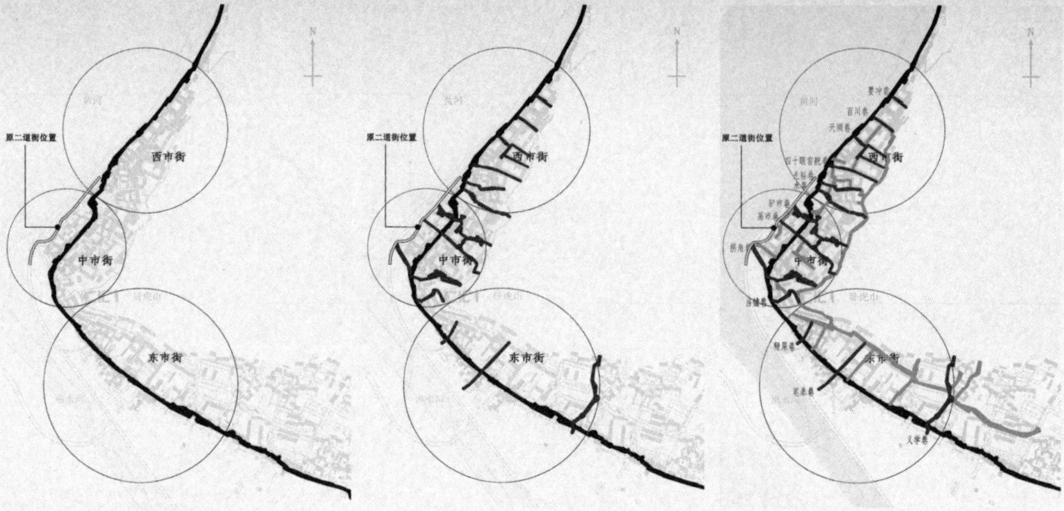

图1-29 街巷发展示意图

(2) 街巷空间特色——街巷院相通

“院院相连，巷巷相通”是碛口古镇街巷空间最大特色（图1-30）。通常，每家店铺的各层院落之间会通过专门的楼梯进行连通，并且在每层院落的左右两侧分别留有开向巷道的大门，这样就形成了院落间、院巷间、巷道间的相互连通。所以在古镇内，不论是从十三巷中的哪条巷子进入，都可以顺利到达卧虎山顶的黑龙庙。

溯其原因，明清时代，碛口作为重要商镇，商业经营是最重要功能。整个古镇的道路系统，不仅仅服务于居民的出行交通，更要承担大量商品货物往来搬运的功能。如果两条巷道之间只能通过主干街相连，则无法确保货物搬运的效率，所以道路系统渐渐形成了多元连通的格局。

再深究其原因，为何商户奉行如此极致的效率至上原则呢？巷院相通的模式确实方便了商品货物的搬运，但也会破坏每个院落的私密性。当时碛口基本没有原住民，大部分外来商户都是只身在此做生意，很少存在整个家族共同生活的情形，所以，家庭生活隐私并非主要问题。另外，晋商之间的凝聚力很强，当时在碛口镇流传有一条不成文的规定，叫做“巷宇之间互相帮衬”，大家一起做生意，一起担风险，互惠互利，正是这股强大的凝聚力使得晋商成为十大商帮首富。也正是有这种你中有我、我中有你的布局，才会逐渐形成一个功能完善的古镇，并且集中体现并传达出“形散而神凝”的街巷布局。

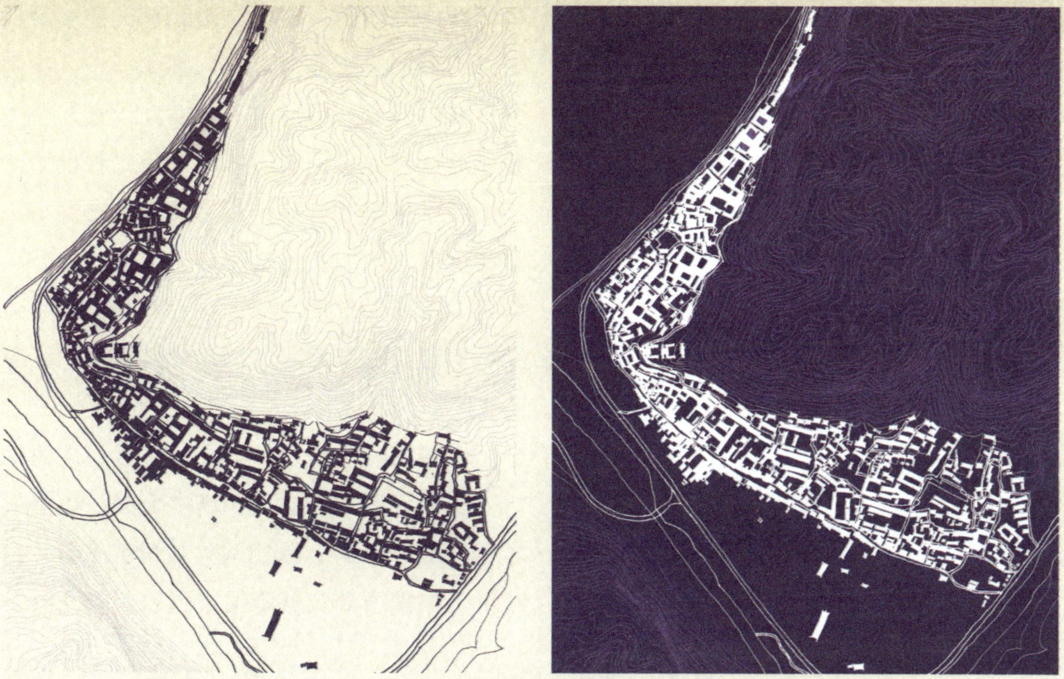

图1—30 碛口古镇图底关系示意图

2.巷道

(1) 巷道概述

十三条主要巷道与等高线相垂直，从北到南依次为要冲巷、百川巷、天顺巷、四十窑院巷、光裕巷、水巷、驴市巷、画市巷、拐角巷、当铺巷、稀屎巷、笔泰巷、义学巷（图1—31）[1]。

(2) 街巷节点

从功能而言，碛口古镇的街巷节点空间可以分为两种：街巷交叉口空间，街巷拱门空

1 本书将能否直接贯通卧虎山与黄河作为判定主要巷道的标准，通过实地调研及访谈，修正水巷为十三条主巷之一。而《碛口风景名胜区总体规划》中列出的祥记巷，因不满足评判标准，将其认定为中市街的支巷。

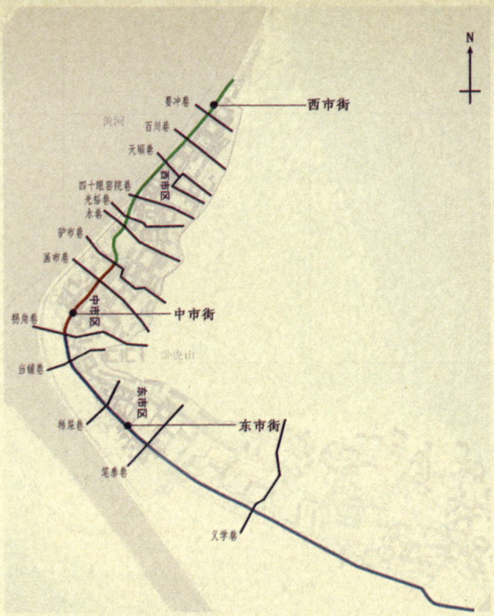

图1—31 碛口街巷骨架图

间。从形式而言，主要街道和巷道的交叉口处空间形态，主要为“丁”字和“十”字两种，其中“丁”字形占主导模式，有32个。黄河沿岸街道上的巷道口常采用此种模式。“十”字形模式有11个，主要为中市街与主要巷道交叉，以及主次巷道交叉形成的节点模式（图1—32～图1—38）。两种模式均可以经过切割错位等手段，衍化成具有小尺度停留空间的具体形态。

古镇巷道间常有拱券进行连接，成为独特的空间元素，有全拱、半拱之分，以全拱居多（图1—39）。从空间体验角度来看，街巷拱门根据所处位置不同，可以起到两种不

碛口古镇主要街道和巷道交叉口空间形态统计分析				
“丁”字形（32个）		“十”字形（11个）		其他形态（4个）
基本模式（24个）	衍生模式（8个）	基本模式（4个）	衍生模式（7个）	
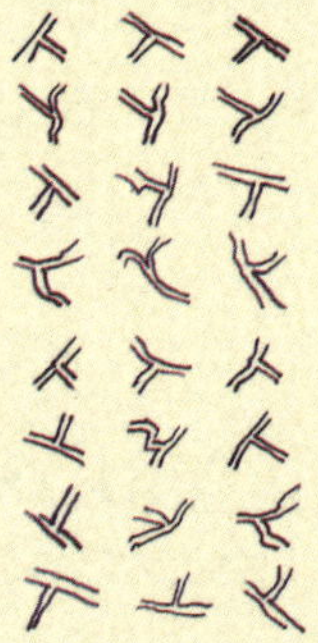	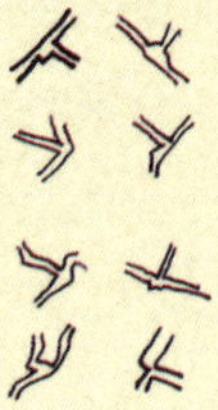	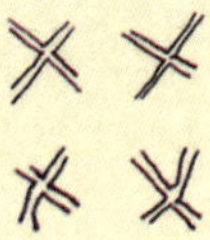	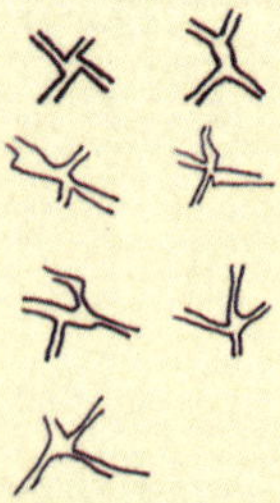	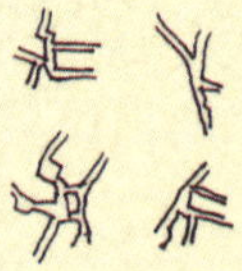

图1—32 碛口古镇主要街巷交叉口空间形态统计表

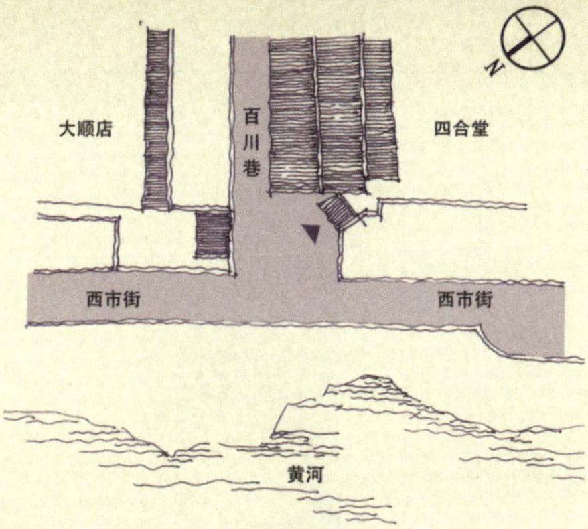

图1-33 “丁”字形街巷交叉口空间案例

图1-34 “丁”字形街巷交叉口空间案例照片

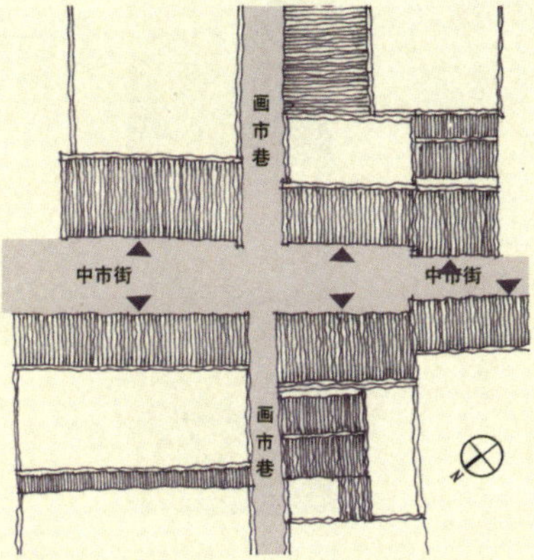

图1-35 “十”字形街巷交叉口空间案例

图1-36 “十”字形街巷交叉口案例照片

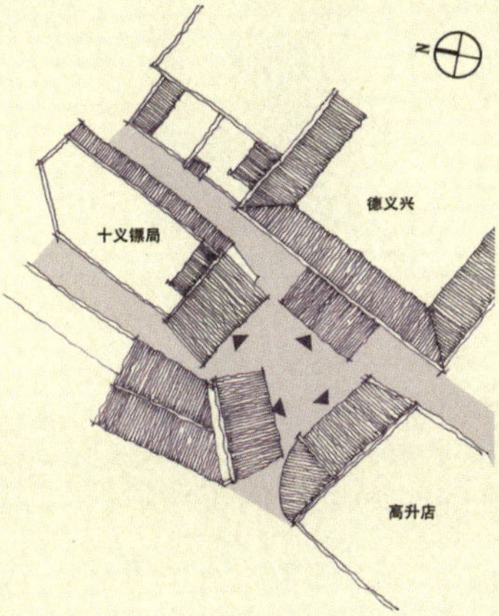

图1-37 其他形态街巷交叉口空间案例

图1-38 其他形态街巷交叉口空间案例照片

巷间连接形式分析		
连接形式	图示	实景照片
无连接	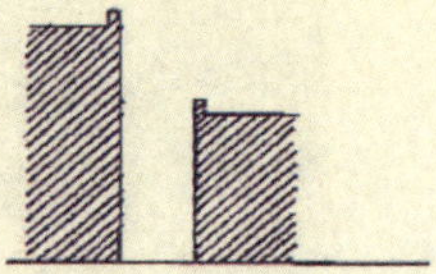	
全拱	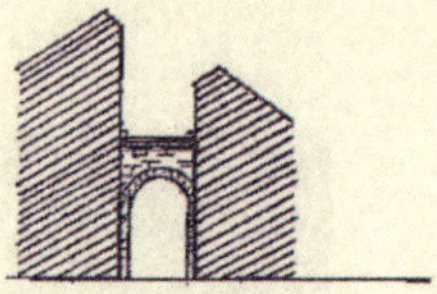	
半拱		
拱上可通行		

图1-39 巷间连接形式分析

同的空间作用，一是位于巷道入口端头，起到不同等级和属性的空间之间的过渡作用（图1-40）；二是位于巷道中间，增加空间层次感和深度（图1-41）。从商业价值角度看，巷间拱券上常标有相邻商铺的招牌名称，起到招揽生意的作用。

图1-40 碛口古镇入口端头拱门

图1-41 碛口古镇巷间拱门

图1—42 百川巷立面图

图1—43 碛口驴市巷墙面细节

图1—44 碛口画市巷墙面细节

（3）巷道界面

巷道的侧面可以分隔内外空间，其组成要素有三部分：建筑入口部分，建筑外墙部分，院落围护墙体部分。通常来说，开向巷道的建筑入口一般不作为院落主入口，起到连通院落与巷道之间的作用（图1—42）。

碛口古镇中许多巷道都有特定功能，其墙面根据功能的不同，呈现出不同的形式。例如，在商客休息吃茶时，驴市巷就用来暂时停靠骡马，所以其南侧墙距地面约1.5米处，均匀布置拴骡马的拴马石（图1—43）。再如画市巷，碛口鼎盛时期作为字画展售的专用巷道，两侧商铺都将上好的字画拿出来挂在墙面上，久而久之在墙面留下密密麻麻的钉孔

（图1-44）。实际功能影响墙面的要素和形式，体现出碛口古镇在街巷方面秉承“方便适用”的原则。

巷道墙面形式多样，不同材料的组合方式有很多种。巷道两侧首层建筑一般为箍窑或靠山窑，所以外墙面通常为石材，二层建筑一般为木构建筑，外墙材料通常为砖石，只起到围护作用，不承重。因此，巷道墙面材料通常表现为“上砖下石”（图1-45～图1-47）。

巷道路面的防滑特性也极具特色。由于碛口巷道垂直于等高线，平均坡度约为30°，而且大量的货物由此搬运，所以铺设规则石条形成防滑带就必不可少。碛口巷道

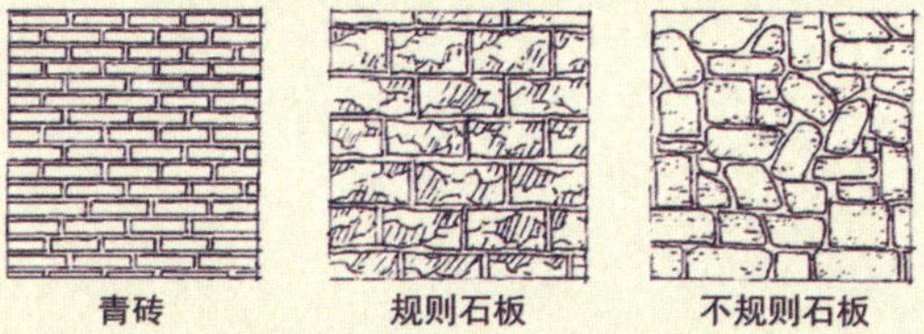

图1-45 墙面材质分析——上下材料相同

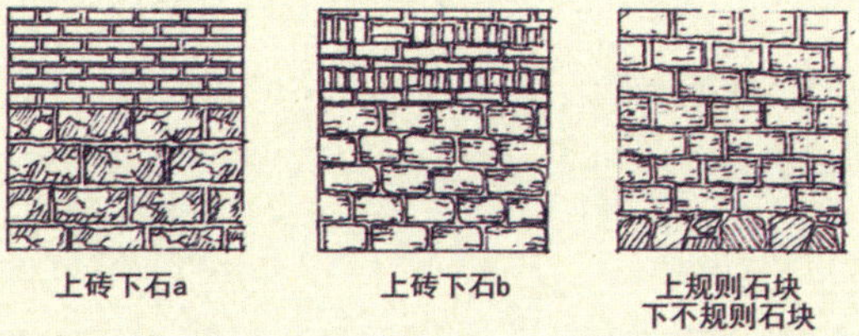

图4-46 墙面材质分析——上下材料不同

图1-47 巷道墙面

铺地材料多为加工考究、费工费钱的整石[1]，这也从侧面证实了碛口在鼎盛时期的繁荣（图1-48～图1-50）。

（4）巷道细部

在碛口街巷中，有许多人性化的设计细部。例如，巷间转角部分，由于巷子狭窄，巷间交叉口又多呈90°直角，驮运货物的骡马很难转弯，所以，在巷道转角离地面2米高以下的位置，将直角改成圆角或切角，方便骡马、骆驼的出行（图1-51）。本地居民戏称其为“拐弯抹角”。再如，巷道内部，每隔一段距离就会有高起的平台（图1-52）。其功能一是起到类似“会车”的作用，因为巷子尺度窄小仅为1.5米左右，当两个负满重物的人或两只驮满货物的骆驼迎面而来的时候，就需要一方上到这个高起的台子上，进行避让；二是给背负重物的人一个休息的平台，台子的高度约为六七十厘米，恰好将背上的重物放在台

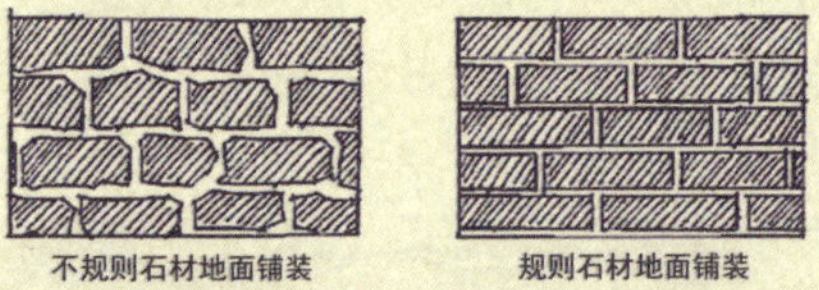

图1-48 巷道地面铺装分析——无防滑带

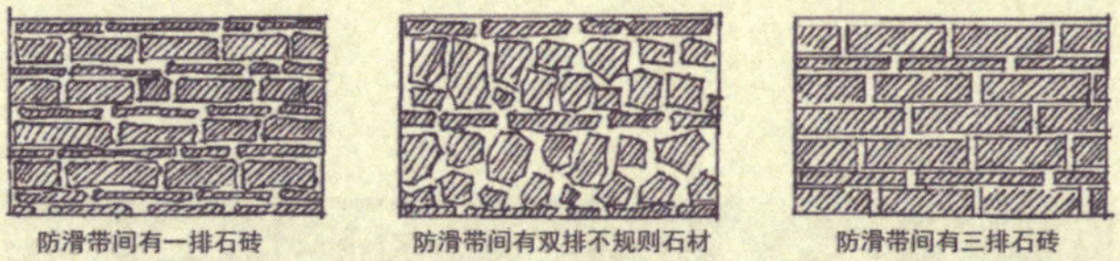

图1-49 巷道地面铺装分析——有防滑带

图1-50 四十眼窑院巷地面铺装

图1-51 拐角巷细节照片

1 据碛口当地居民及导游李小斌口述而知。

子上。由此可见，针对需求而衍生出来的碛口街巷的细节设计，细腻丰富且具有内涵，展示了先人生活的智慧。

图1—52 天顺巷高台细节照片

五、碛口建筑概述

碛口古镇现存的历史建筑可以追溯到明清时期。其中被列为全国重点文物保护单位的有荣光店、新华商行和贸易局、天聚隆、永顺店、广生源、十义镖局、长兴店、祥记烟草、兴胜韩（原名“兴盛韩”）、洋火店和义记美孚、当铺、黑龙庙等（图1—53～图1—56）。

碛口古镇中，建筑因商业发展而建，故而多为商住混合型。建筑以方便实用为主要原则，不求华丽。院落布局讲究方正，呈三合院或四合院，形式多为 “下窑洞、上瓦房”。主窑数目多为单数，正中一间窑洞被称为“当中窑”，为家中长辈所居住。根据院落大小不同，可以分为两种主要类型，即“小院落合院”和“大院落合院”

1.小院落合院

小院落合院主要分布于中市街沿街两侧和西市街末端，以及东市街始端（图1—57）。碛口建设用地本就紧张，而中市街作为“金融街”，商铺用地更加紧张。故而通过减小院落面积，容纳更多店铺。同时，中市街多为票行、零售商铺等，相较于粮油店、骡马店来说，储藏需求较小，不需要大面积的院落。

小院落合院多为前店后院布局，由沿街店铺建筑和店后居住窑院组合而成。沿街店铺建筑多为两层，但现存建筑二层多已被损毁。建筑形制主要有木构瓦房和明房暗窑两种形式，前者一般为三到七开间，双坡硬山顶居多（图1—58）；后者是将传统的砖瓦房与箍窑进行结合，将窑洞前脸的厦檐部分扩大，形成独立的单坡瓦房作为店面。店面开间根据暗藏的窑洞口数来确定，一般为三开间（图1—59）。

图1—53 碛口古镇鸟瞰[1]

1 引自《碛口古建筑群保护规划》，北京清华城市规划设计研究院文化遗产保护研究所，2008.12

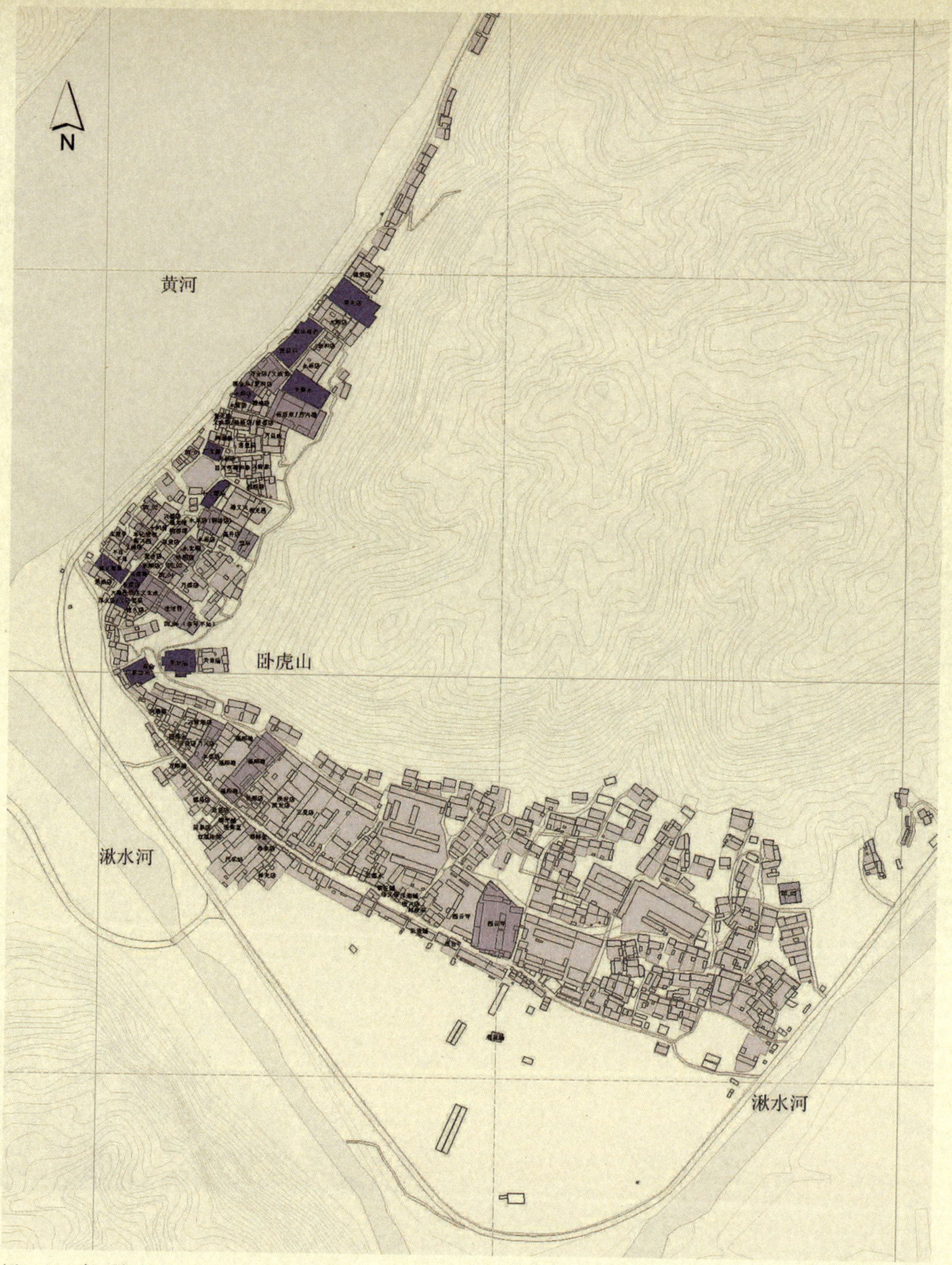

图1-54 碛口镇重要院落分布图[1]（一）

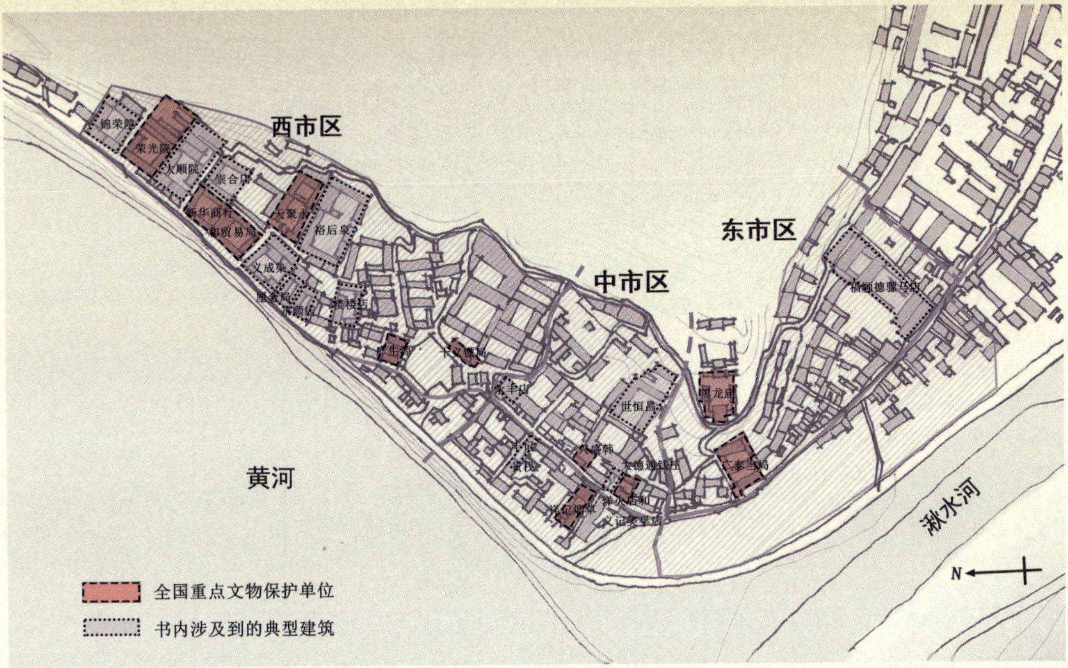

图1-54 碛口镇重要院落分布图[1]（二）

碛口镇古建筑群重点保护院落文物建筑概况一览表[2]

序号	院落名称	建筑年代	坐落位置	功能		院落布局	现存建筑形制	建筑座数	占地面积(m^2)	建筑面积(m^2)	产权归属
				原初	现今						
1	荣光店	清道光	西市街4号	货栈商铺	宾馆	四合院	正房五层叠窑，其余石窑为座、上建瓦房	13	2309	1579.11	个人
2	新华商行 贸易局	明末清初	西市街11号	货栈商铺	宾馆	四合院	正房二层叠窑，倒座单层窑洞，两厢石窑为座、上建瓦房	14	2940	1733.26	个人

1 引自《碛口古建筑群保护规划》，北京清华城市规划设计研究院文化遗产保护研究所，2008.12

2 引自《碛口古建筑群保护规划》，北京清华城市规划设计研究院文化遗产保护研究所，2008.12

续表

序号	院落名称	建筑年代	坐落位置	功能		院落布局	现存建筑形制	建筑座数	占地面积(m^2)	建筑面积(m^2)	产权归属
				原初	现今						
3	天聚隆	清乾隆	西市街14号	商铺货栈	住宅	两进院	一进院南北房石窑为座、上建瓦房，东西房单层窑洞；二进院均为单层窑洞	9	1556	1159.69	集体
4	永顺店	清乾隆	西市街20号	客栈	办公	四合院	前店后窑，西房一层瓦房铺面，东南北房单层窑洞、二层瓦房坍塌	4	380	339.39	集体
5	广生源	民国初年	西市街34号	商铺	旅馆	四合院	东房单层瓦房铺面；西房四层、地下一层地上三层、一二层窑洞三层瓦房；南北房三层地下一层地上二层、一层窑洞、二层瓦房	8	691	551.95	个人
6	兴胜韩	清	西市街	商铺	办公	不详	单层瓦房铺面	1	暂缺	102.69	集体
7	祥记烟草	清末民初	西市街	商铺	旅馆办公	不详	一层窑洞铺面，二层瓦房	2	暂缺	195.34	个人、集体
8	洋火店、义记美孚	民初	西市街30号	商铺	住宅	不详	西房单层瓦房铺面，东房单层窑洞，南房单层瓦房	3	暂缺	229.51	个人

续表

序号	院落名称	建筑年代	坐落位置	功能		院落布局	现存建筑形制	建筑座数	占地面积(m^2)	建筑面积(m^2)	产权归属
				原初	现今						
9	十义镖局	明清	西市街48号	押运	住宅	不详	一层窑洞、二层瓦房（坍塌）	2	暂缺	268.31	个人
10	长兴店	民国9年	中市街振兴西	商铺	住宅	四合院	前店后窑，西房一层瓦房店铺，东房南房单层窑洞，北房为近年新建瓦房	4	暂缺	180.68	个人
11	当铺	清末民初	东市街3号	典当	住宅	四合院	西北、东北、西南房单层窑洞，东南房单层瓦房	4	791	598.58	个人
12	福顺德骡马店	清	东市街	居住	住宅办公	两进院	一进院东北房单层窑洞，西北房、东南房（a、b）单层瓦房；二进院东北房二层窑洞，西北房、东南房石窑为座、上建瓦房	10	2188	1473.27	个人、集体

续表

序号	院落名称	建筑年代	坐落位置	功能		院落布局	现存建筑形制	建筑座数	占地面积(m^2)	建筑面积(m^2)	产权归属
				原初	现今						
13	黑龙庙	明创清道光	镇卧虎山腰	祭祀	祭祀	四合院	倒座戏台二层、一层窑洞入口、入口处设二层歇山顶抱厦、二层歇山顶瓦房，戏台两侧歇山顶钟鼓楼，正殿、两侧耳殿双坡硬山顶瓦房，南北偏殿一层窑洞，南北看廊一层窑洞二层卷棚瓦房	11	1133	761.42	集体
14	东财主院	明清	西湾村	宅第	展示住宅	西四进院东三进院	西院一二三层正房窑洞、四层瓦房，两厢皆瓦房；东院一二层窑洞、三层瓦房，两厢皆瓦房	15	1256	841.38	个人
15	陈氏祠堂	清末民初	西湾村	祭祀	祭祀	四合院	正房窑洞、余皆瓦房	4	180	104.6	个人
16	新窑院	清末民初	李家山村	民居	居住	四合院	南北西房单层窑洞、东房单层瓦房	5	暂缺（无地形图）	暂缺（无地形图）	个人
17	毛主席东渡路居处	清末民初	寨则山村	民居	居住	四合院	东、南、北房单层窑洞，西房单层瓦房	5	暂缺（无地形图）	暂缺（无地形图）	个人

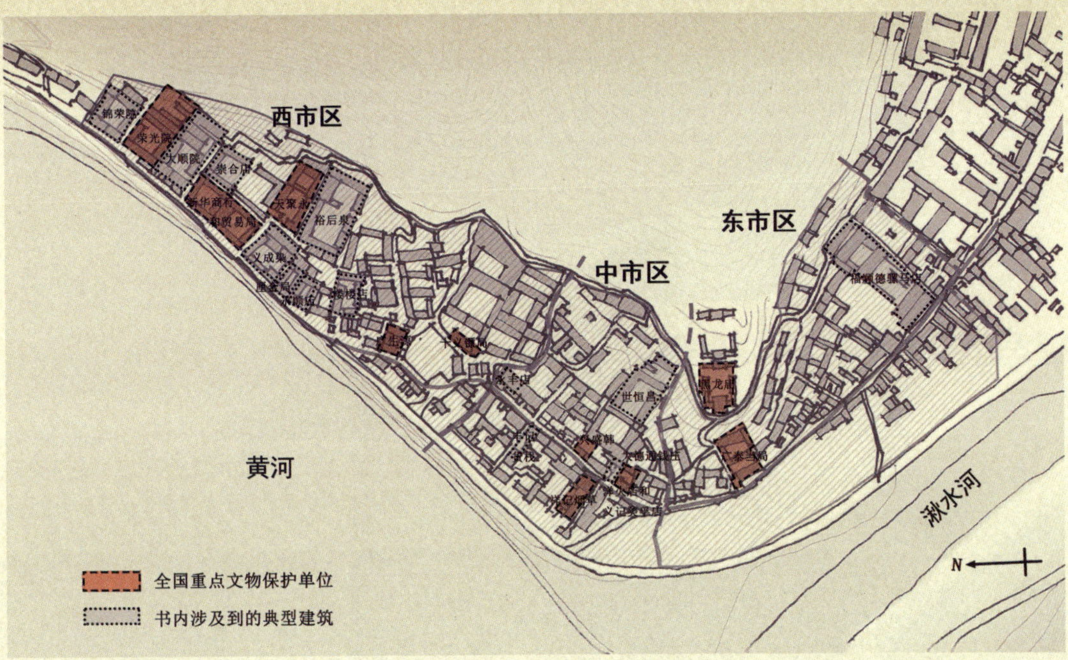

图1—55 重要院落总平面图

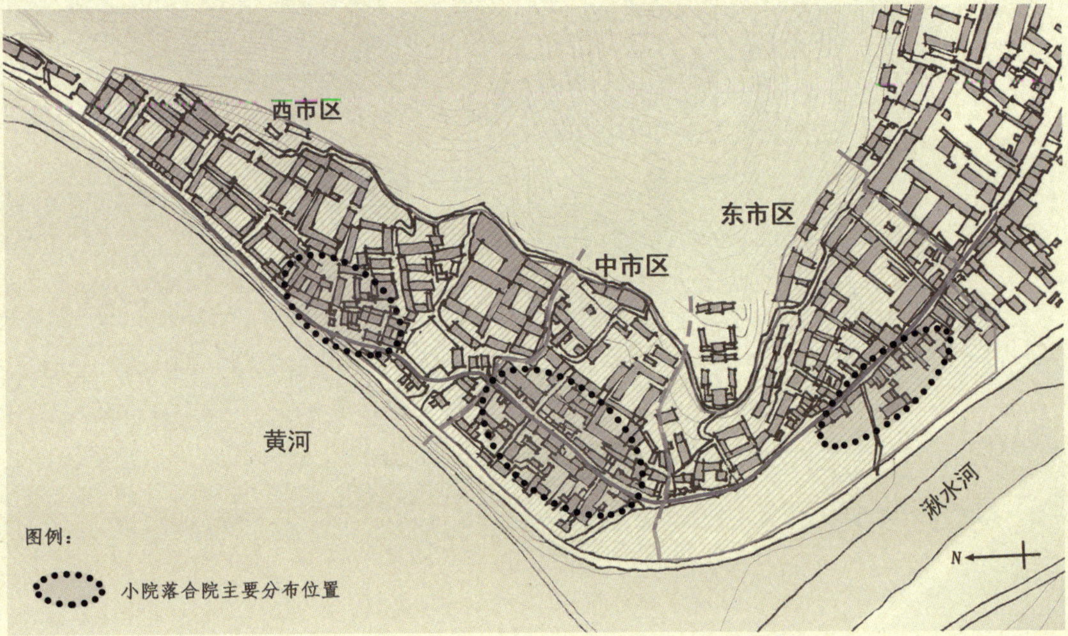

图1—56 小院落合院分布示意

第一章

河声岳色，九曲名镇

图1–57 双坡木构瓦房商铺建筑照片

磧口書畫院

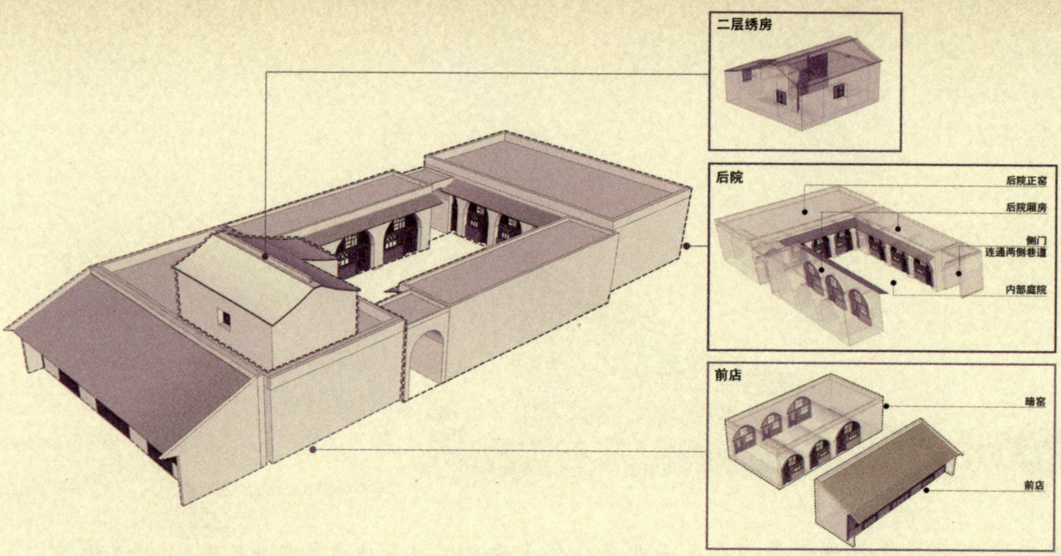

图1—58 中市街明房暗窑院落示意图

2.大院落合院

大院落合院多分布于西市区，也有部分位于中市区和东市区靠山位置（图1—59）。由于西市多为粮油货栈，东市多为骡马店，都需要较为宽敞的庭院和充足的库房，形制、功能相互统一。

院落建筑层数从单层到五层不等。首层窑院多为三合院或四合院，窑洞上层有硬山顶瓦房。正窑为靠山窑，大多有高圪台，将建筑抬高，既凸显出气势，减少厢房的遮挡，使其获得更多的阳光，又可以起到防潮和装卸货物的作用。正房和厢房多有明柱厦檐[1]，檐口最大可出挑近3米，不仅可以保护窑脸不受雨水侵蚀，也可在檐下端头处设灶台，作为室外

1　明柱厦檐：在窑面前，有柱子支撑的出挑檐口为明柱厦檐。

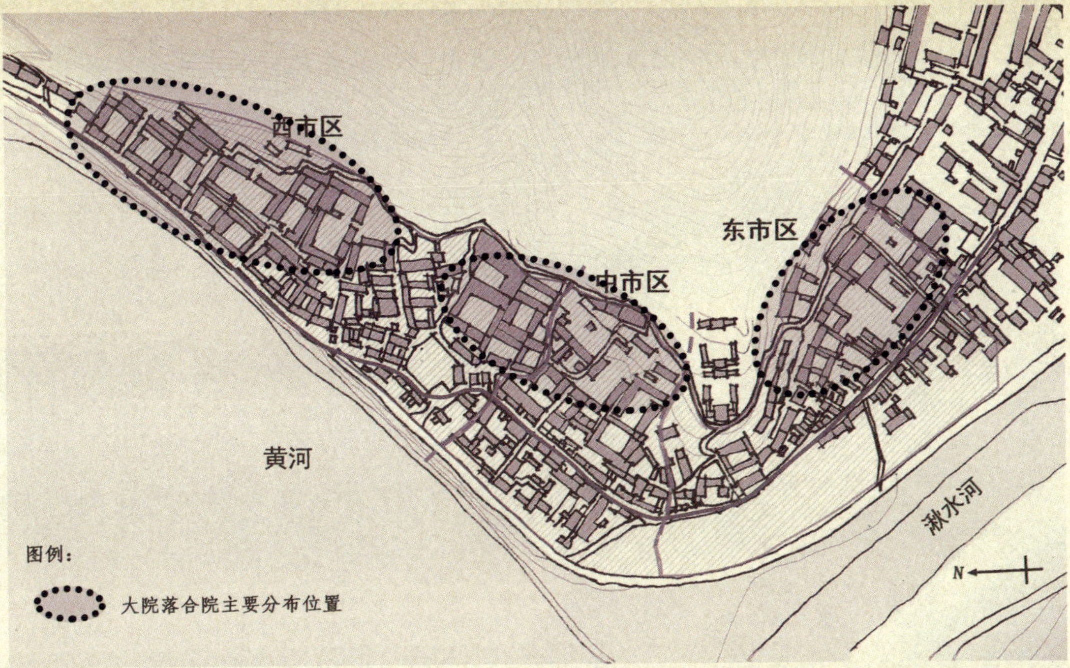

图1-59 大院落合院分布示意

的厨房。无根厦檐[1]多用在厢房处，出挑1米左右，底部靠耍头支撑，可防止雨水污毁窑面（图1-60、图1-61）。

六、窑洞门脸

碛口镇一带的建筑装饰主要集中在雕刻与彩绘上，其装饰构件精致多样，体现着当地工匠不凡的创造和技艺。其中雕刻主要有石雕、砖雕、木雕三种。石雕主要集中在耍头、抱鼓石等；砖雕主要有墀头、照壁以及屋顶正脊等；木雕主要集中门窗上，其工艺粗犷大方。彩绘主要集中于宗教建筑大木作上。这种在黄土地中生长出来的房子，除了冬暖夏凉外，内部简洁大方，没有太多装饰。唯有窑洞门脸（图1-62），种类繁多，五花八门，看着令人赏心悦目。

1 无根厦檐：在窑面前，不用柱子支撑的出挑檐口为无根厦檐。

图1—60 西市合院院落照片

图1-61 无根厦檐

图1—62 广泰当局十一孔窑洞门脸

窑脸的营造方式多种多样，若是考虑经济条件限制，窑脸可以非常简单，不加任何修饰。但也可以丰富异常，变化多端。而且窑洞各个部位名称固定，如窑壁、窑间子、窑檐等部位。

一般所称的窑脸（图1—63），便是窑间子，主要分隔窑洞室内室外，同时封闭窑口。窑口上的拱、门、窗以及槛墙统称为窑间子。

窑口由下至上自然起拱，交于窑洞最高点处。在碛口常见的拱有尖拱、半圆拱、套拱以及扶壁拱。最常见的半圆拱，也是在窑口横梁处起一个双心圆相交形成，故而拱顶都略尖。在券线的位置又有砖线与石线之分，这两种形式在碛口都十分常见。扶壁拱则出现在几孔窑洞的转角处，为节省窑脸的面而出现。虽窑洞上的拱形不尽相同，但是窑腿都垂直于地面。

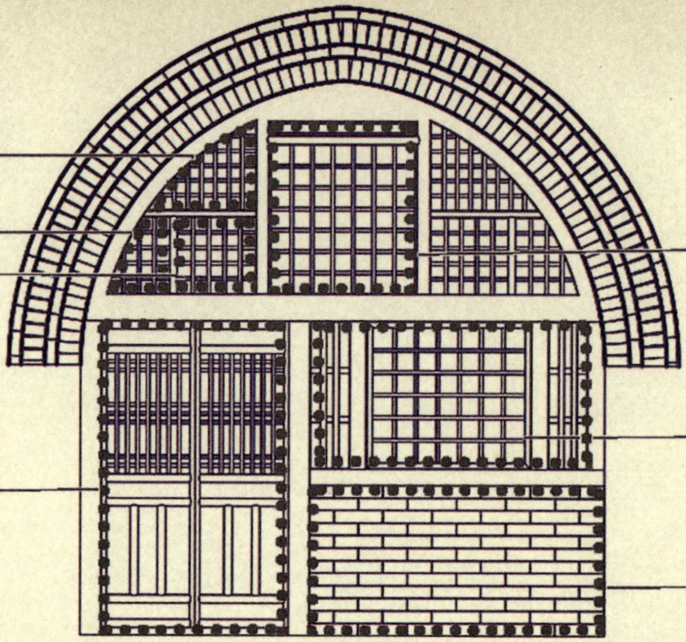

图1—63 窑脸各部名称

若说拱给人的感觉是窑口强有力的支撑，那么门窗则是锦上添花的部分。门窗以横梁分隔为上下两部分，上半部分称为顶窗，下半部分称为槛窗。顶窗又可分为四部分，居中的为一个矩形或是正方形，称为天窗。两侧则各为一个直角曲边三角形，它们是由三部分组合而成的，其中正方形部分称为斗窗，另两部分因位置以及形似人耳，故称为大、小耳节。下半部分主要是门、槛窗以及槛墙。根据窑洞所处位置不同，门的方位也各不相同。窑脸偏左或偏右较为常见，居中因其在院落中所处位置特殊而较少出现，而大多数院落中并无居中的门。或许是因为居中出现的门，会将砖砌窗台一分为二，使得施工复杂，因此人们更愿意将门左右放置。

顶窗和槛窗样式繁复，各不相同，却都是由格子窗演化而出，多数保留着矩形和正交分隔的形式。槛墙一般都是砖砌的，偶有石砌而成。门也分为板门和隔扇门两种，隔扇门的花纹更为丰富。

窗户的木格骨架用最基本的垂直线、水平线、斜线、对角线，在关键的部位，如天窗、槛窗、隔扇门上，或是通过改变木条间距，或是采用弧线、交叉线、波状线、曲线、

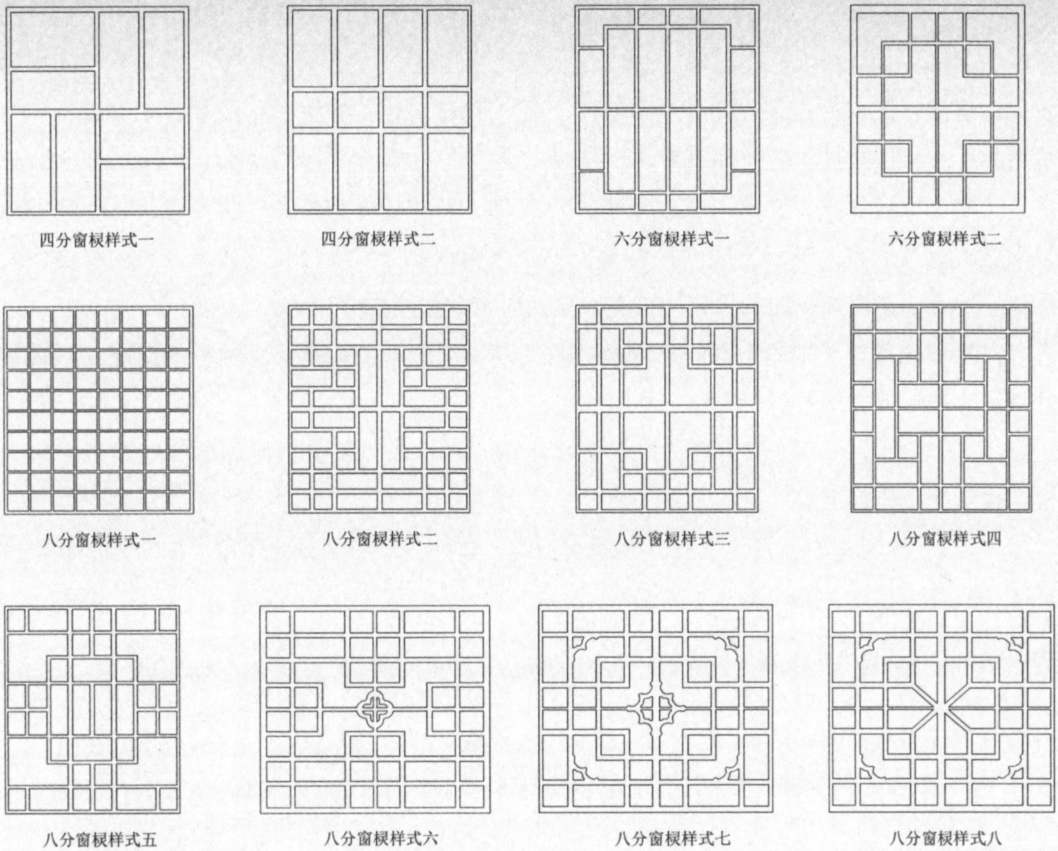

图1-64 窗棂样式示意图

叠线、盘线式花纹线等元素，使得窗格纹样会有所变化，形成千变万化并富于装饰性的几何图案，营造出虚实相生、隐显结合、富有节奏与秩序美感。

天窗面积较大，位置也较好，所以花纹较为丰富。又可能是处于室内采光的考虑，正中的花纹间隔较开，木棂较细。正交纹样构成也是有规律可循的，按照水平方向分隔份数而分类不同（图1-64）：

（1）四分窗格，用正交垂直的方式在窗框基础上，用简单的线条再进行分隔。

（2）六分窗格，依然采用正交垂直的分布，以横纵两轴对称的方式构建图形，多会在内部构成一个小矩形，形成向心性。

（3）八分窗格，最简单的便是纵横交错排列的纹路，细密紧致，秩序井然。也有在‘2’的基础上重复构成更复杂的图案，形成花纹细腻又不失大方的图案，但依然还保持着正交的窗格；还有的则是在四分的基础上，引入稍许斜线、曲线，构成曲线花纹纹样。上述所有图案都保持着向内收缩的基调。

顶窗部分除去天窗还有斗窗以及大、小耳节。斗窗也会有些许变化，但大、小耳节多以网格或是直棂窗的形式出现。槛窗与天窗变化相类似，只是形式上偏多于纵向格栅以及网格。如今为了增加室内的采光，也有许多居民将其替换成玻璃。

从图案上而言，槛窗一般分三部分，左右两端对称，中间是极大的一块区域。以现存的样式为基础分类（图1–65）。

（1）槛窗没有两侧的小窗，或单侧有小窗，窗户主体部分由整体的样式组成，较少见，推测为后修补上的。

（2）槛窗两侧的小窗为木板，有时木板为一整块，有时又分为两截。中间窗的纹样也是以向心性为基础，形成轴对称的图形。

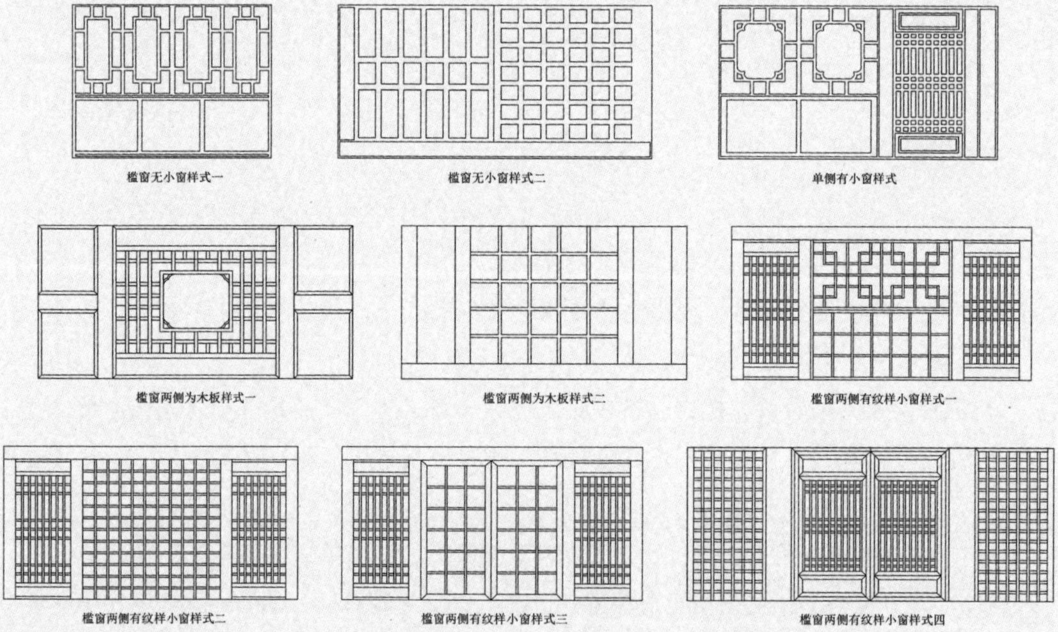

图1–65 槛窗样式示意图

图1-66 石拱券样式示意图

（3）槛窗两侧的小窗另有纹样，这便是槛窗中最复杂的一种形式。中间窗的纹样细腻多变，左右两端小窗也以木格扇为主有所变化。

根据拱的砌筑方式，窑间子的做法分为石券拱和砖券拱两类：

（1）石券拱：石券在窑脸外围围成的一圈拱简洁大气，配上变化简单的窗格和砖砌的槛墙，大气中不失灵活（图1—66）。

（2）砖券拱：砖券在窑脸外围围成一圈拱，繁复却好看，再加上变化多端的窗格、略有装扮的门以及窑脸长条形的比例，细腻却不失稳重（图1—67）。

图1—67 砖拱券样式示意图

【第三章】

物阜民熙，西市院落

WUFUMINXI XISHIYUANLUO

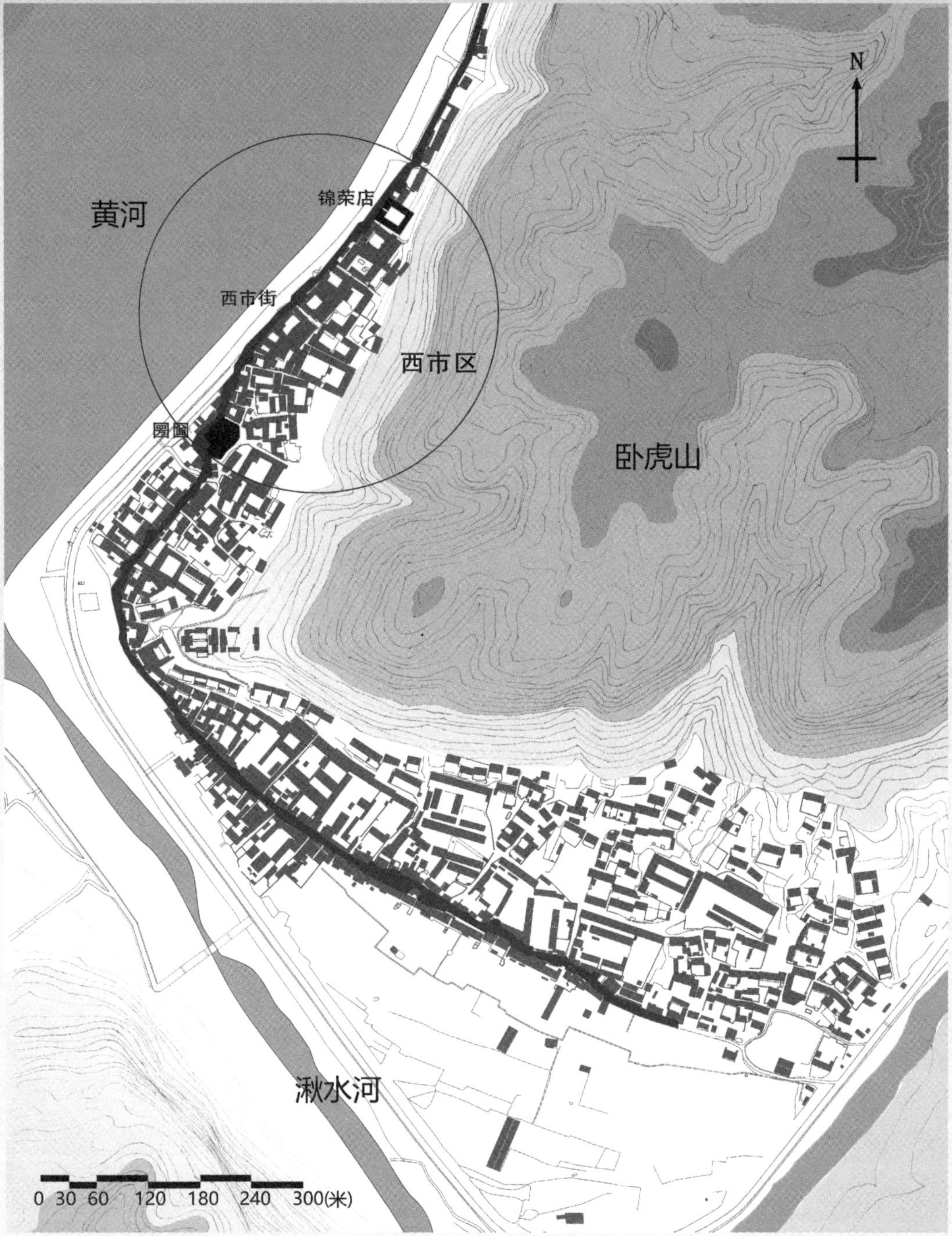

图2-1 西市区位置图示

西市区（图2—1）由平行于黄河的西市街以及垂直于黄河的多条巷道为道路骨架支撑形成。西市街长度约为400米，北起锦荣店，止于骆驼圐圙[1]，沿黄河平行展开。河岸经过长期冲刷十分陡峭，枯水季约高于水面5米左右。上游下来的船和筏子在此卸货，所以西市街聚集了大量经营仓储的货栈，如锦荣店、荣光店、大顺店等。由于存储需求大，所以西市街上的窑院与中市街相比，院落较大，窑洞形式多为靠山窑（图2—2、图2—3）。

本章介绍了位于西市区的锦荣店、荣光院、大顺店、崇合店、新华商行和贸易局（四合堂）、天聚永、万全店（义诚染）、厘金局、裕后泉（四十眼窑院）、永顺店、楼楼店、广生源、十义镖局十三个主要院落（图2—4）。

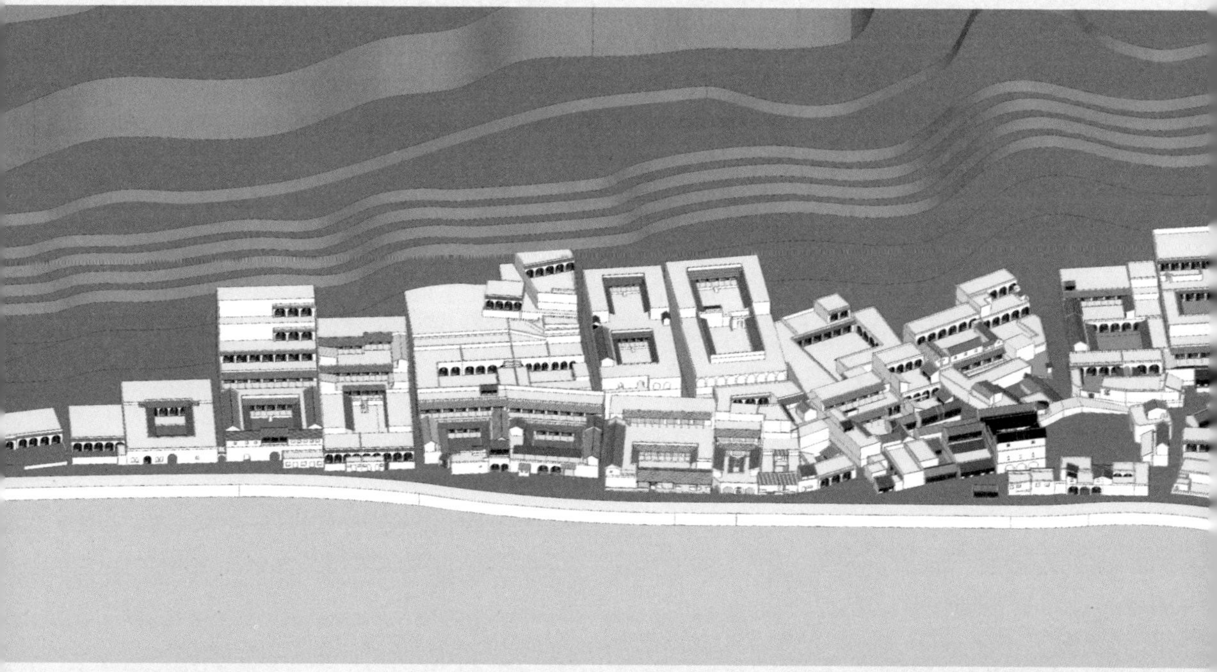

图2—2 西市街模型图

1 “圐圙”（kū lüè）为蒙语，意为“围起来的草场”。碛口的骆驼圐圙于2006年新建而成，此处原来并非开放空间。

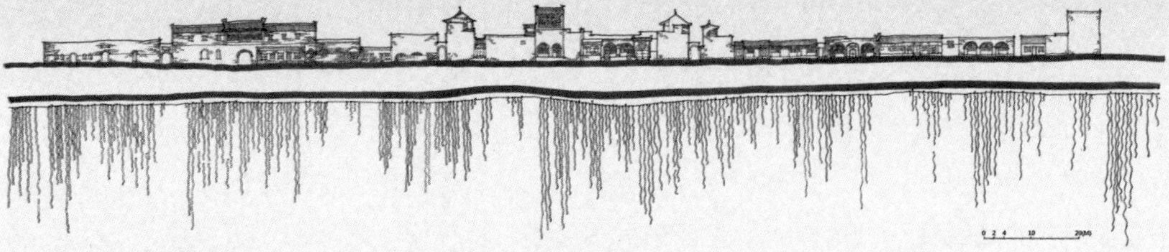

图2–3 西市街立面展开图

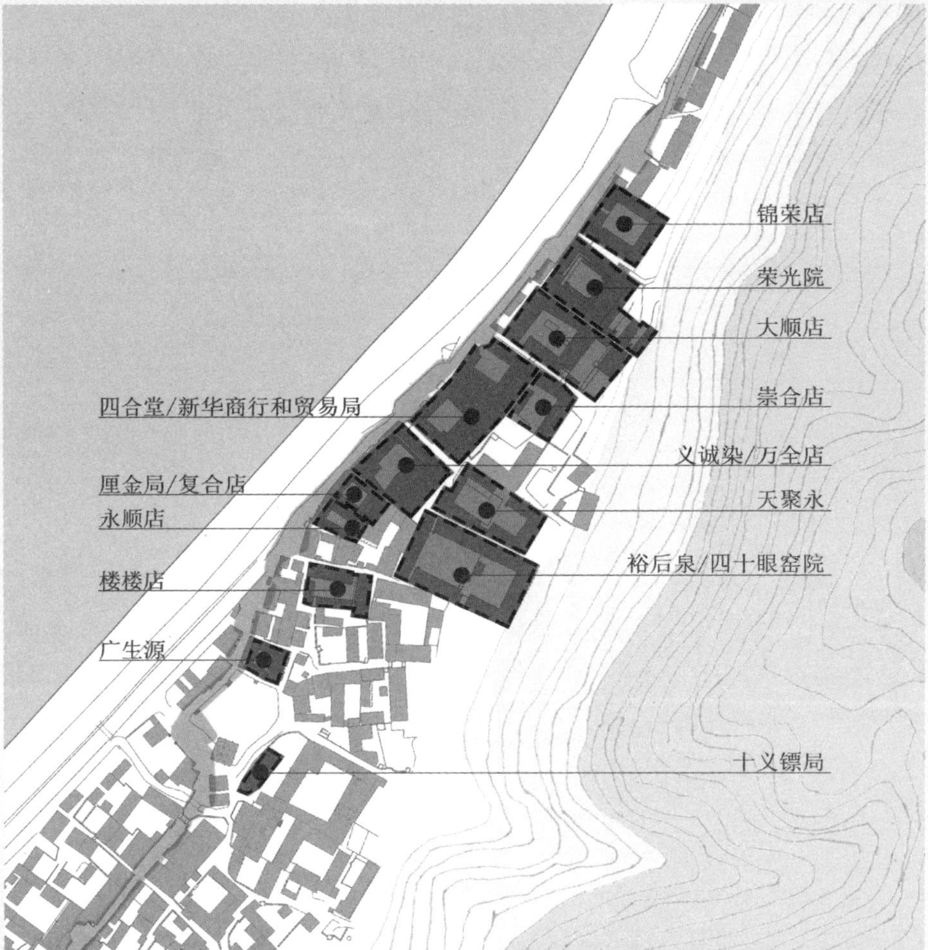

图2–4 西市街院落分布图

一、锦荣店

锦荣店建于清朝初期，背靠卧虎山，面朝黄河，现距黄河堤岸约35米。院落位于碛口古镇西市街北端头，南邻要冲巷。民国初年，店财主是索达干村[1]的闫树珍，主要经营转运油类生意。通过高脚[2]将篓包装好的胡麻油运往离石、汾阳等地，同时将招贤的瓷、铁货转至陕西佳县螅镇等地。1997年，锦荣店院落被西山上村陈永安购置。目前整个院落为两家共有，修缮后现为宾馆（图2-5）。

锦荣店为西市街北面第一个院落，坐东南朝西北。院落占地约为1100平方米，总建筑面积约为830平方米。现存建筑为一层，但根据遗留状况来看，锦荣店在鼎盛时期至少有三

图2-5 锦荣店鸟瞰

1 索达干村：现为碛口镇下辖村。

2 高脚：驼骡的别称。

图2-6 锦荣店剖轴测图

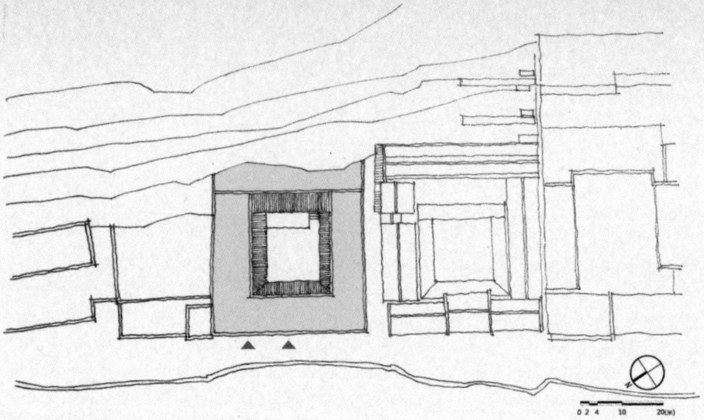

图2-7 锦荣店总平面图

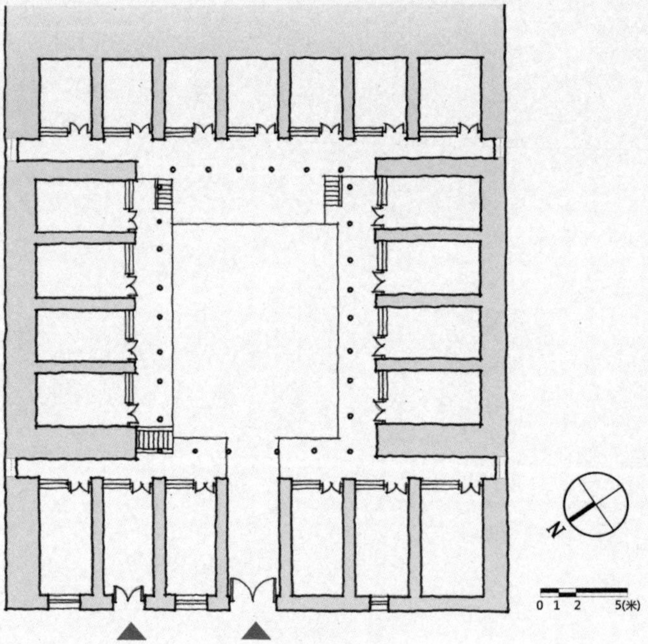

图2-8 锦荣店平面图

层。整个院落呈四合院形式，在垂直于等高线方向有明显轴线。院落偏方形，长轴约为34米，短轴约为31米。院落内无树木绿植，平整空旷。院落有两个入口，都面向西市街。主入口为轴线上沿街面居中的一口窑洞，另一个为沿街开设的饭店的专门入口，其沿街立面如图所示（图2-5～图2-10）。

锦荣店院落的正房为靠山窑（图2-11），有7口窑洞，开间平均为3.25米，进深平均为4.87米。窑面材料为当地石材，窑脸中矮墙为青砖，有明柱厦檐，柱间距平均为2.2米，有加宽的高圪台，高约90厘米，高圪台边缘距窑脸有5.2米。倒座与正房窑洞基本对称，中间窑洞前后连通为大门。锦荣店两侧厢房也呈现对称的布局，均有4口窑洞，开间平均为3.23米，进深平均为6.25

图2-9 锦荣店院落俯瞰

图2-10 锦荣店沿街立面拼接

图2-11 锦荣店正房

米，同为石窑，有明柱厦檐，柱距平均为2米。

丰富多彩的门帘为锢口窑洞的特色，院内窑洞上每个门帘的图案纹样均不同。与户主交谈后得知，门帘均为家中老人采用碎布手工缝制而成。布料颜色丰富，拼接方式富有韵律，呈现出独具特色的生活气息（图2-12）。

图2–12 锦荣店门帘

二、荣光院

西市沿黄河水流由北向南展开，西市街边即是码头，粮油货栈店大多在西市安家。荣光店就是其中极具代表性的院落。它南与大顺店比肩相邻，北与锦荣店隔巷而望。位于山脚的荣光店顺山势凿石修建五层窑洞，大气壮观，窑洞层数当属碛口之最（图2–13）。

荣光店院落原为粮油店，其历史可以追溯到清道光年间。当时湫川首富王居仲在碛口开设粮油店，选址在西市街尽头，辛勤经营，生意蒸蒸日上。据清道光二十七年《重修黑龙庙碑记》载，荣光店位列“本镇经理”二十四家之一。据王氏家谱记载，在清咸丰年间，王家家存白银二十万两，另有水地千亩，可见王家实力雄厚。但好景不长，王居仲长

图2-13 荣光院鸟瞰

子王佩衔死后，王家开始走向没落。清同治元年，局势动荡，碛口防务紧急，清政府派军防守并筹资捐款。王佩衔之子王裕后借势，花费数十万两捐得一官衔。后清廷以此为借口，屡屡“借款”，与此同时荣光店逐年经营不善，年年入不敷出，无法支撑，王裕后只得弃官，最终抑郁成疾，不久病故。其后辈不争气，不听上辈忠告，将荣光店转手卖给陕西艾财主。以后荣光店几经易主，直到民国初年，荣光店一半转让给西头村财主，一半转让给曾任碛口商会会长的西坡村刘光隆，仍开办粮油店，生意兴隆。抗战期间，荣光店为八路军的公营企业所用。1947年土地改革之后，荣光店先后被招贤瓷厂、碛口供销社所使用。1999年由碛口陈有福购置，改为“黄河宾馆”，接待来访游客。

荣光店一层为窑洞式的明柱厦檐高圪台四合院，厦檐高深。院落宽敞。其正房为7口石窑，左右厢房各为3口石窑，两边均有楼梯可往二层；倒座为窑洞7口，中间1口，前后连通作为入户大门。二层厢房及倒座均为硬山顶瓦房。原荣光院五层都有厦檐，一、二、三层为明柱厦檐，进深3米左右，四、五层为无根厦檐，无根厦檐一般进深1.5米左右，檐下可堆放货物（图2–14～图2–18）。

荣光店基址原为一处乱石堆，紧贴卧虎山脚，用地局促，只能向山借地。工匠依山势高差，以下层窑洞的屋顶作为上层的院子，靠山修建石窑5层，每层通过南端楼梯上下相

图2–14 荣光院轴测图

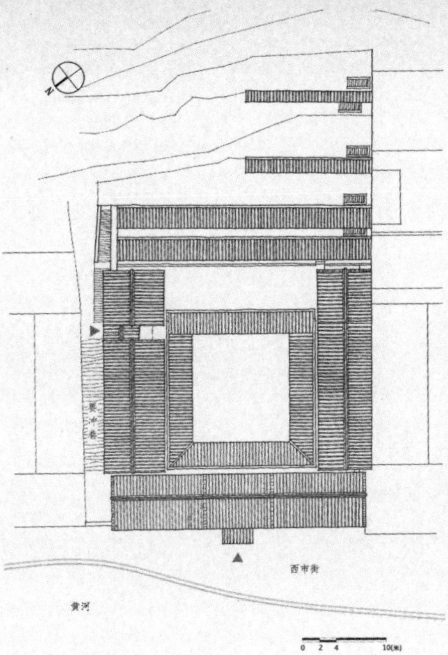

图2-15 荣光院总平面图

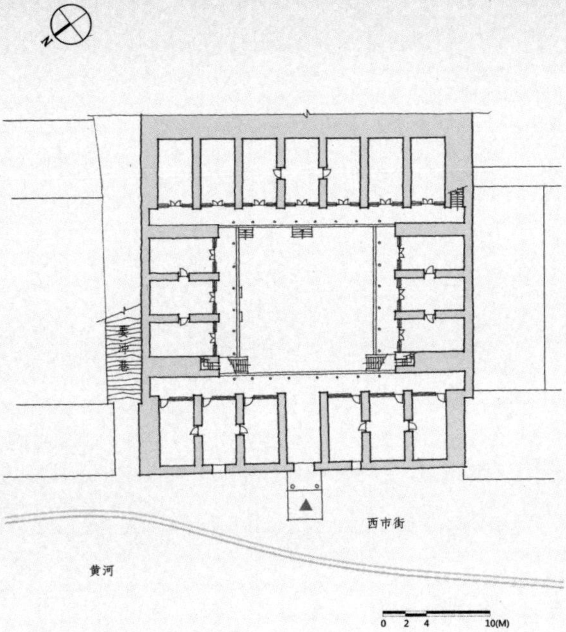

图2-16 荣光院首层平面图

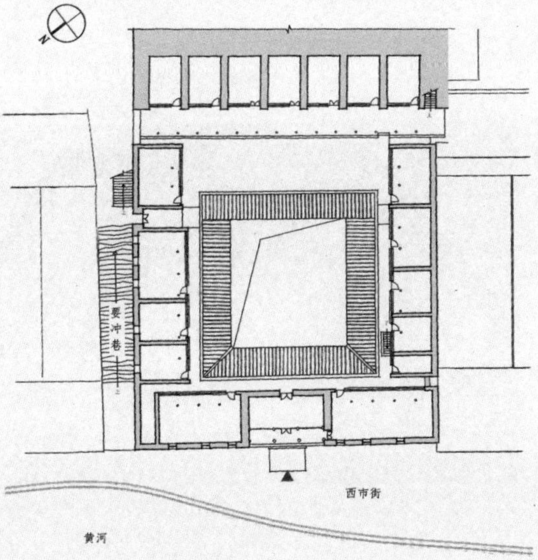

图2-17 荣光院二层平面图

连。为方便搬运货物到各层，除临西市街开设大门外，另在窑院2层、4层北侧设有出入口，用以连接要冲巷，通往侧门的台阶甚为陡峭。

碛口为商镇，大多数建筑追求质朴实用，装饰较为简单。荣光店二层的“望河楼”却飞檐斗栱，雕梁画栋，屋顶铺设筒瓦，盘头、屋脊、吻兽雕刻十分精美。在望河楼上可登高望远，赏黄河波涛壮阔，店东家也可与贵客把酒小酌、商谈生意，亦可观看河上各家船舶往来，同时监看码头岸边自家工人运货状况（图2-19～图2-22）。

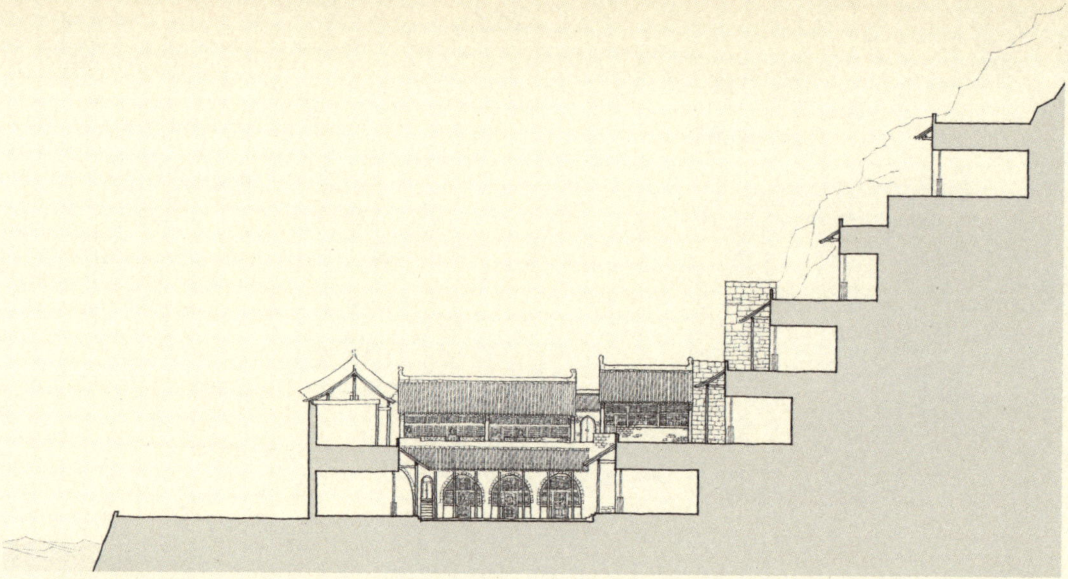

图2-18荣光院剖面图

图2-19 荣光院院落（2014年）

图2-20 从卧虎山俯瞰荣光院（2016年）

图2-21 荣光院复原前窑洞（2014年）

图2-22 荣光院复原后窑洞（2016年）

三、大顺店

大顺店院落北邻荣光店院落，南邻百川巷，坐东南朝西北，占地面积约2100平方米。现有三层院落保存完整，四层窑洞已坍塌（图2–23）。现为居住建筑，院落内共有6户人家，均为60岁以上的老人，年轻子女均外出打工[1]。

三层院落均为三合院形制。首层院落为矩形，长宽比约为2：1，长21.4米，宽11.3米，院落平整空旷，无树木。二层院落狭长，长20米，宽4米。三层院落长30米，宽7米。三层院落主入口均开向百川巷。大顺店三层的正房均为靠山石窑。首层正房有6口整窑，2口半窑。整窑开间平均为3米，进深平均为8米。半窑开间平均为2.4米，进深平均为8米，

图2–23 大顺店鸟瞰

1 院落人口组成为2015年调研时现状。

有明柱厦檐，高圪台，柱间距平均为2.4米。首层厢房为石箍窑，各有5口窑洞，东厢房明柱厦檐，柱间距平均为2.4米；西厢房为无根厦檐。二层正房有8口窑洞，开间平均为2.8米，进深平均为7米。有明柱厦檐，柱间距约为2.3米。三层正房分为东西两部分，均有4口窑洞，开间平均为2.7米，西侧窑洞进深约为7.3米，东侧窑洞进深约为9米（图2–24～图2–31）。

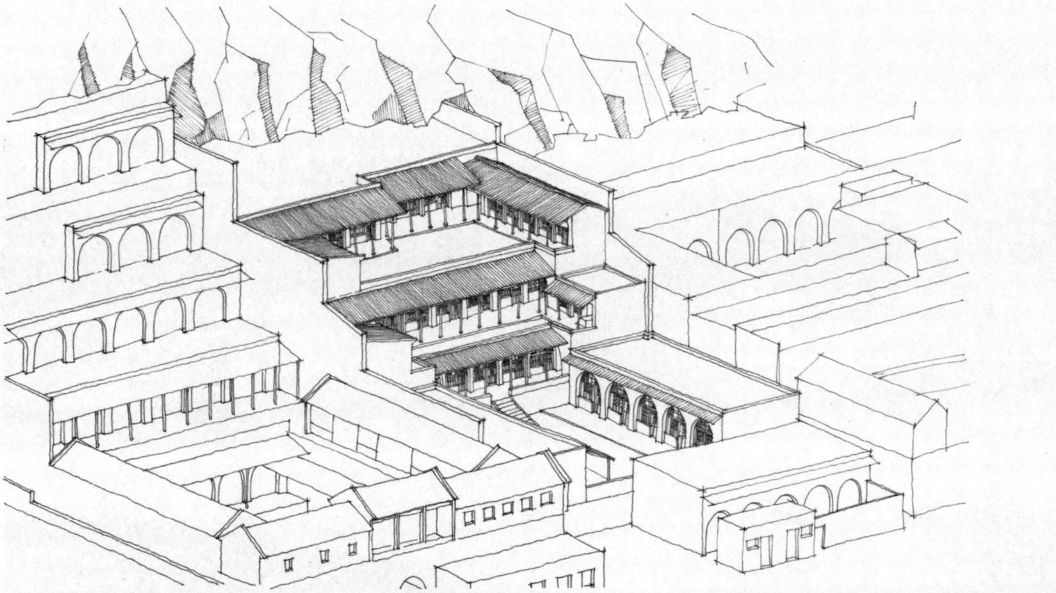

图2–24 大顺店轴测图

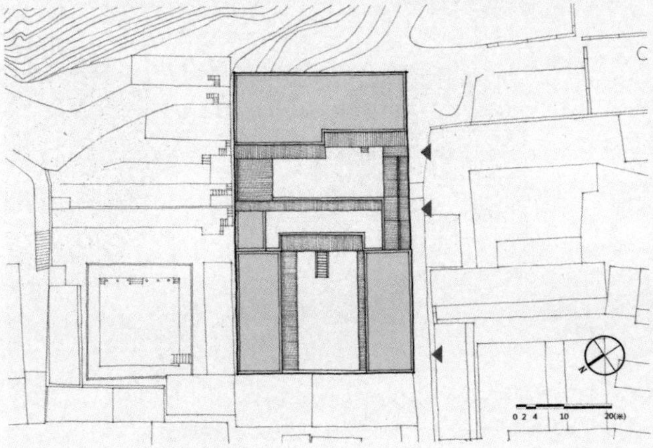

图2–25 大顺店总平面图

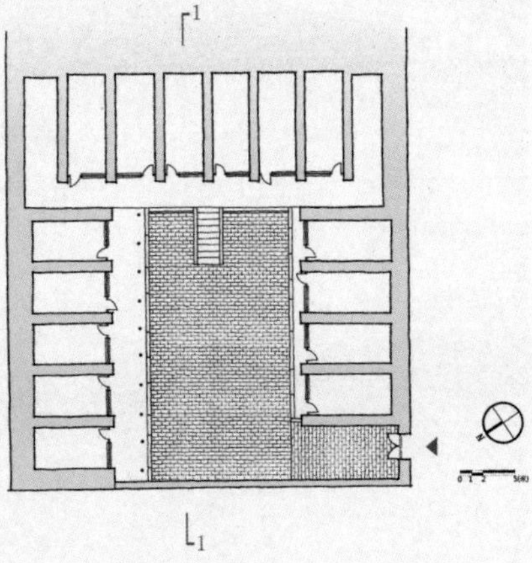

图2–26大顺店平面图

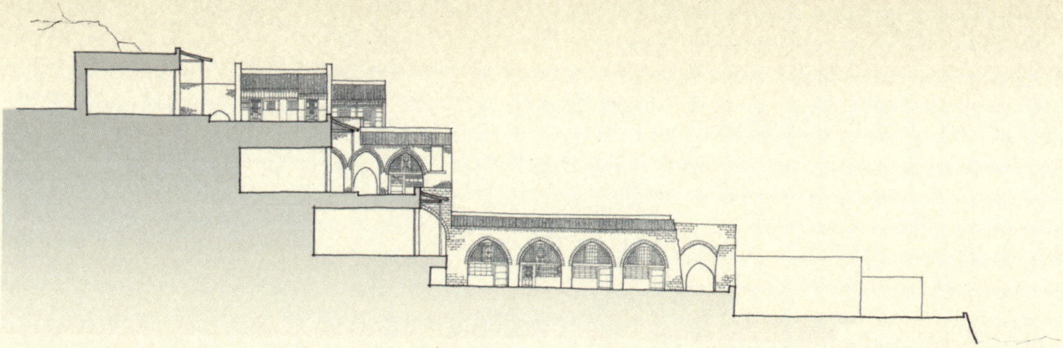

图2-27大顺店1-1剖面图

图2-28大顺店首层院落

图2-29大顺店正房窑洞

图2-30 大顺店厢房窑洞

图2–31大顺店二层立面拼接

四、崇合店

崇合店院落位于卧虎山西侧山坡上，与山直接相接。院子三面围合，北连百川巷，院子顺山势而下便是与黄河一堤之隔的新华商行，南靠永裕店。

如今崇合店住有一户人家，以售卖木雕为生，仅使用南侧两口窑洞，大部分房间闲置。西侧靠近新华商行的砖房已重建，房子材料和形式都比较新。院中曾有几棵枣树，在修缮院落时被移走。原有的二层砖房年久失修，现荒弃不顾，少有人踏足，杂草丛生（图2–32）。

崇合店入口位于百川巷中部南侧，打开大门后便见一条宽约2米、长约8米、坡度约为25°的坡道。院落呈矩形，南北长，东西短，南北约为13米，东西约为11米。是一个三面围合的院落，南侧仅为一道院墙，墙与西侧建筑转角处现为厕所。院子内建筑多为一层，仅北侧留有二层砖房（图2–33～图2–35）。

图2–32 崇合店鸟瞰

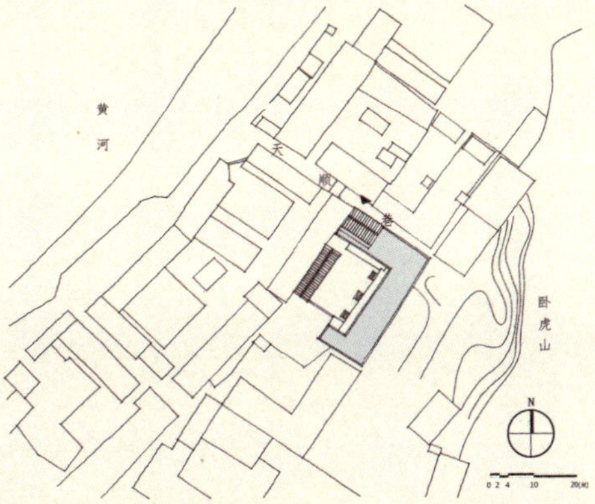

图2–33 崇合店总平面图

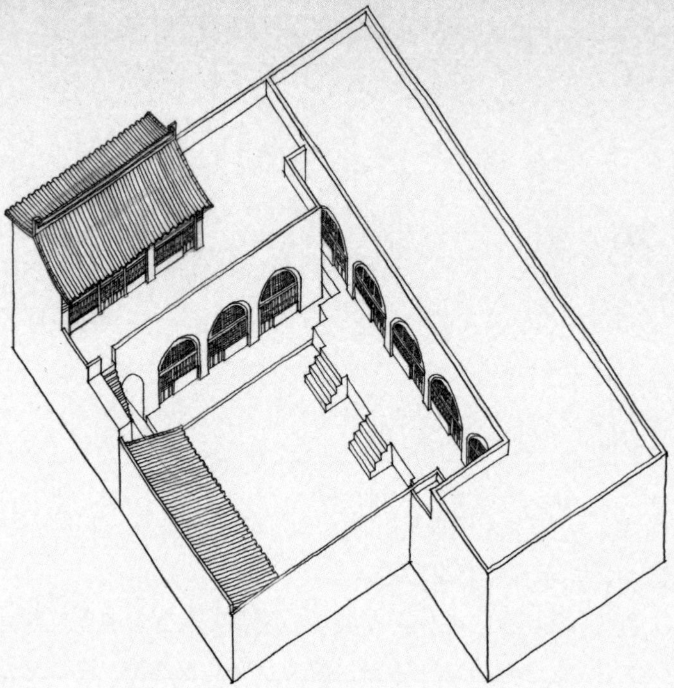

图2-34 崇合店轴测图

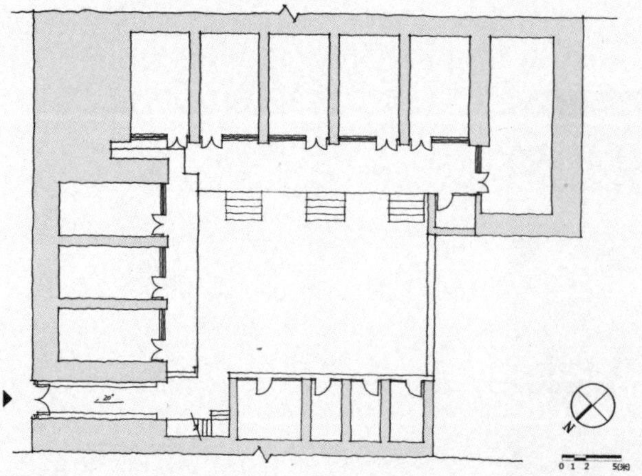

图2-35 崇合店平面图

东南侧有6口主体窑洞，倚靠卧虎山而建，窑洞朝西采光，南侧转角窑洞朝北开门，室内采光较差。窑洞整体被高圪台抬高1.1米，朝西侧拓出近3米的平台。墙上留有无根厦檐的痕迹，能推测出其原貌。

左厢房3口窑洞与入口并列，形成了院落与百川巷的界面。单个窑洞开间较入口略宽，且在窑洞与入口之间加建杂物间。窑洞原有无根厦檐，现仅剩高出院内地坪约0.1米的平台。杂物间正对东北角的楼梯，楼梯可到二层平台。二层砖房现仅保留北侧的三个开间，其余已无痕迹可寻。根据形制推测，二层砖房应与一层西北侧硬山顶四开间砖房相似（图2-36～图2-38）。

西北侧临近楼梯处有一排砖房，开间2～4米不等。原有的木格扇式门窗已换成木质玻璃门、窗。

图2—36 崇合店窑洞

图2—37 崇合店单口窑洞

图2—38保留的二层砖房

五、四合堂 （新华商行和贸易局）

四合堂院落地处西市北侧，院落坐东向西，北邻要冲巷，南接无名巷，东靠崇和店、永裕店，西临黄河，过西市街即是码头（图2-39）。

四合堂创立于清道光年间，因创建初期有四份股银，故名曰“四合堂”。四合堂是有名的粮油大店，据四合堂大掌柜曹生龙后人讲述，四合堂创建之后，依托“宽敞的庭院、充足的库房”，一直经营麻油，久盛不衰，鼎盛时期“窗泊百舟、门走千舵”，生意北达包头，西接陕西、银川，东至太原、北京和天津。1940～1948年间，由贺龙领导的八路军120师在四合堂南侧院落开办了“新华商行”，专营过往货物运转，为抗战筹集物资，送往延安。期间，晋绥边区三分区在四合堂南侧院落开设了“贸易局”，调节市场，平抑晋西北农民票的波动。

图2-39 四合堂鸟瞰

四合堂平面布局为“吕”字形，两院沿西市街由北向南比邻而立，院落之间约成5°夹角（图2-40～图2-43）。两院一层均为窑洞式明柱厦檐四合院，二层靠山一面为窑洞，其他三面为硬山顶瓦房。两院各自有独立出入口，通过一层走道及二层平台相连。四合堂虽只有一进院落，但借山势高差，厦檐层层叠错，室外空间灵活丰富（图2-44～图2-46）。

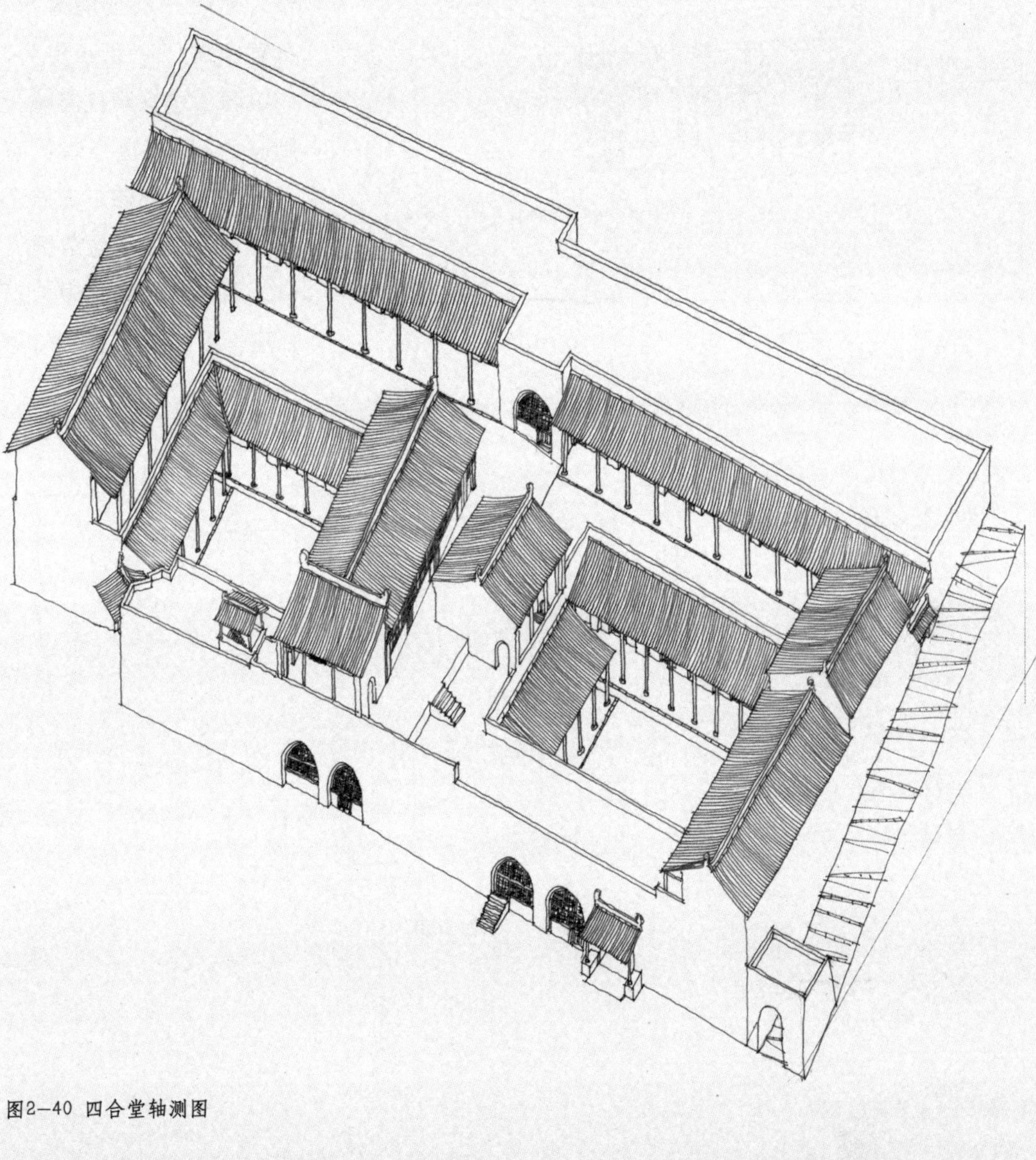

图2-40 四合堂轴测图

北院即新华商行，大门（图2-47）开在倒座北侧，院门扭转45°，面朝西北。院落装饰质朴，青瓦铺顶，梁架上雕刻精致。北院一层正房为7口石砌窑洞，南北厢房为3口窑洞，均有明柱厦檐；倒座为2口石窑，南侧有通往二层的楼梯。二层正房为7口明柱厦檐窑洞，南北厢房为木结构硬山顶瓦房。北厢房东有侧门通

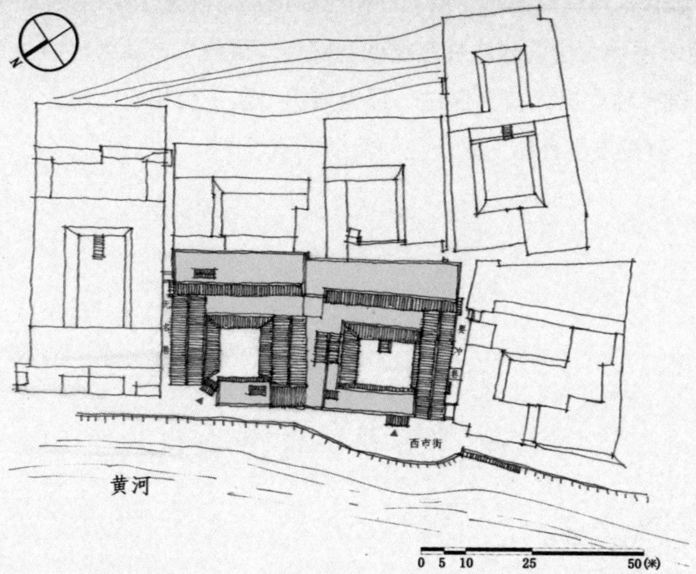

图2-41 四合堂总平面图

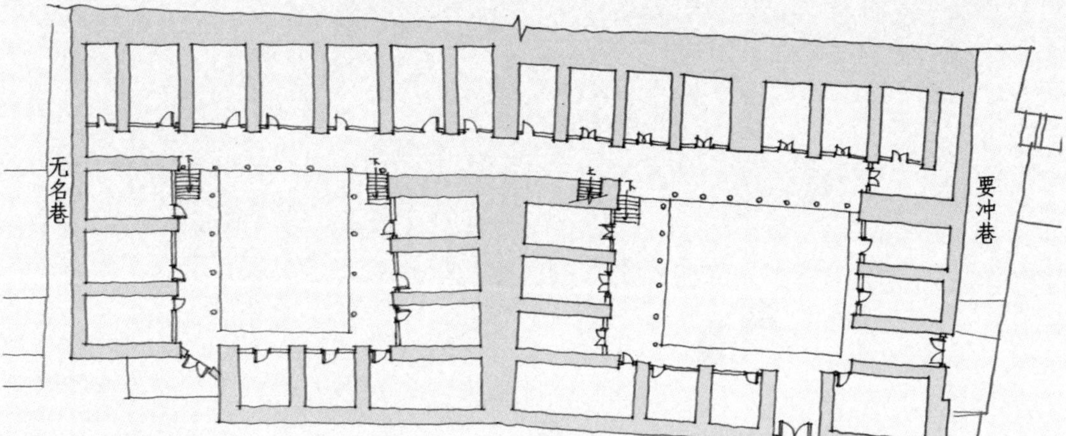

图2-42 四合堂首层平面图

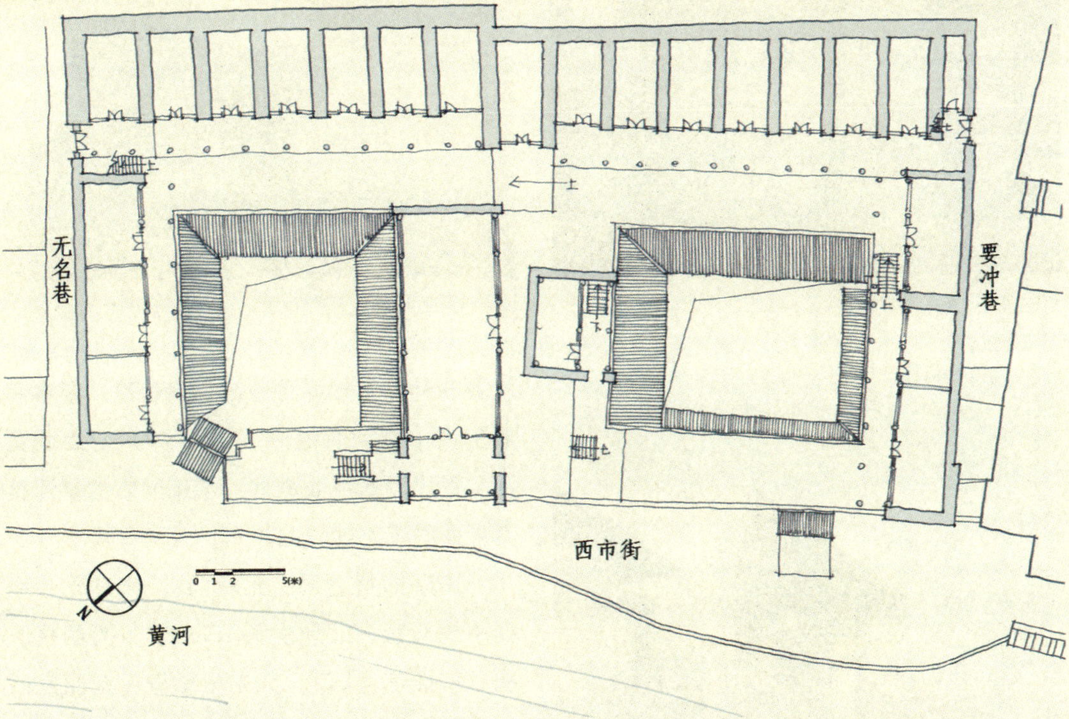

图2-43 四合堂二层平面图

图2-44 四合堂客栈招牌

图2-45 四合堂院落1

图2-46 四合堂院落2

图2-47 新华商行西北门

图2-48 四合堂的听涛阁

向要冲巷，有楼梯可通往正房房顶。紧靠南厢房西山墙为听涛阁（图2-48），面朝黄河，百里丽景尽收眼底，与荣光店的望河楼有异曲同工之妙（图2-49～图2-50）。

南院即贸易局，正房为7口半高圪台明柱厦檐石窑，北厢房为3口石窑，为明柱厦檐，南厢房为2口，为无根厦檐，南厢房西侧有侧门开向无名巷；倒座为5口砖石结构锢窑，居中一口作为大门通向西市街。二层正房为7口半砖窑，与北院之间夹有砖窑1口。东南角有半口窑洞，是另一个侧门，开向无名巷，出门便是万全店。南侧厢房两间，均为双坡硬山顶瓦房，有高差。北侧厢房为三开间硬山顶瓦房，同时有通往一层的楼梯。

四合堂细节设计丰富，体现了晋商的生活智慧。其中，仅明柱厦檐高圪台的建造缘由就有多种说法。碛口粮油大院多数砌筑高圪台，一是因为背靠山的建筑有潮气，所以将地基抬起，填入石灰防潮；二是骆驼可以靠在旁边卸货省时省力，在南院正房高圪台下还修筑了一个小窑洞，储藏煤炭，巧妙利用了空间。而厦檐的建造也十分有趣，细看撑起厦

图2-49 四合堂写生者

檐的柱子，往往粗细不一，弯弯曲曲，这是由于当年讲究实用，木料合适的就会使用。店家还会在厦檐柱子上插上木横梁，以防在高圪台上堆叠货物过多而倾倒。

四合堂主要经营粮油，码头工搬运油篓时，随手将手上的麻油擦在大门和厦檐的柱子上，日积月累，麻油凝固形成一层厚厚的油垢，通常称其为“油化

图2-50 四合堂与写生者

图2-51 四合堂 “油化石”1

图2-52 四合堂 “油化石”2

石”。四合堂翻修地面时，撬开铺地的石板，也发现有厚厚的“油化石”层，据说是当时伙计搬油，麻油漏出，一滴一滴渗入地下形成。碛口有民谣：“碛口街里尽是油，油篓垒成七层楼，白天晚上拉不尽，三天不拉满街流”，字里行间体现当时麻油贸易的繁盛（图2-51、图2-52）。

晋商文化讲究团结、通达、分享，店与店之间联系紧密，空间布局四通八达。巷巷相通、院院相连。不大的四合堂就有五个出入口，连通三条街巷，在西市街有两个出口，二层在要冲巷有一个出口，另外两个出口在无名巷。四合堂通向要冲巷的侧门与通往二层的楼梯相结合，充分利用空间。另外，精巧的排水沟布置，坡道的防滑设计都彰显碛口匠人的智慧。

1949年后，四合堂曾一度作为碛口粮站。1980年末粮站乔迁，四合堂闲置。后由当地人张庆德购买，重新修葺，开办古香古韵的窑洞式宾馆——“碛口宾馆”。

六、天聚永

沿西市街向北，天顺巷尽头岔路向右，入眼的两层大型窑院便是天聚永。在天聚永二层向西望去，滔滔黄河水在眼前奔流，向着大同碛呼啸而去。转眼向南又见四十眼窑洞院与天聚永比肩而立（图2-53）。

天聚永是民国年间由平遥县米成仁、李华甫开的油店。院内，大门的方石上、厦檐的明柱上、窑洞的窗台上，迄今还粘着一层厚厚的油垢，黝黑的油垢宛若古镇苍老的皱纹，

图2—53 天聚永鸟瞰

龟裂的纹路饱蘸着旧时岁月繁华。

天聚永院落房间数目和形制呈轴线对称关系。一层院落的正房有7口窑洞，立于近2米高圪台上。正房前方、高圪台下设有一排6口小窑洞，这种形式在碛口独树一帜，在抬高正房的同时，能利用高圪台下的空间，使得院落的层次感更丰富。这排窑洞当年用来存放粮油，如今用来储存杂物。两侧厢房为4口半明柱厦檐窑洞，独立出来的半口窑洞与倒座房相连。在7口窑洞的倒座房中，将正中的窑洞作为院落的大门，其余6口窑洞前设有无根厦檐，朝向院落开门。

二层院落分为两部分，其一为建在一层右侧窑洞上的3间硬山顶砖房，其二便是建在正房窑洞顶上的三面围合的院落。3间砖房可通过一层正房左侧的楼梯到达，而楼梯转过90°

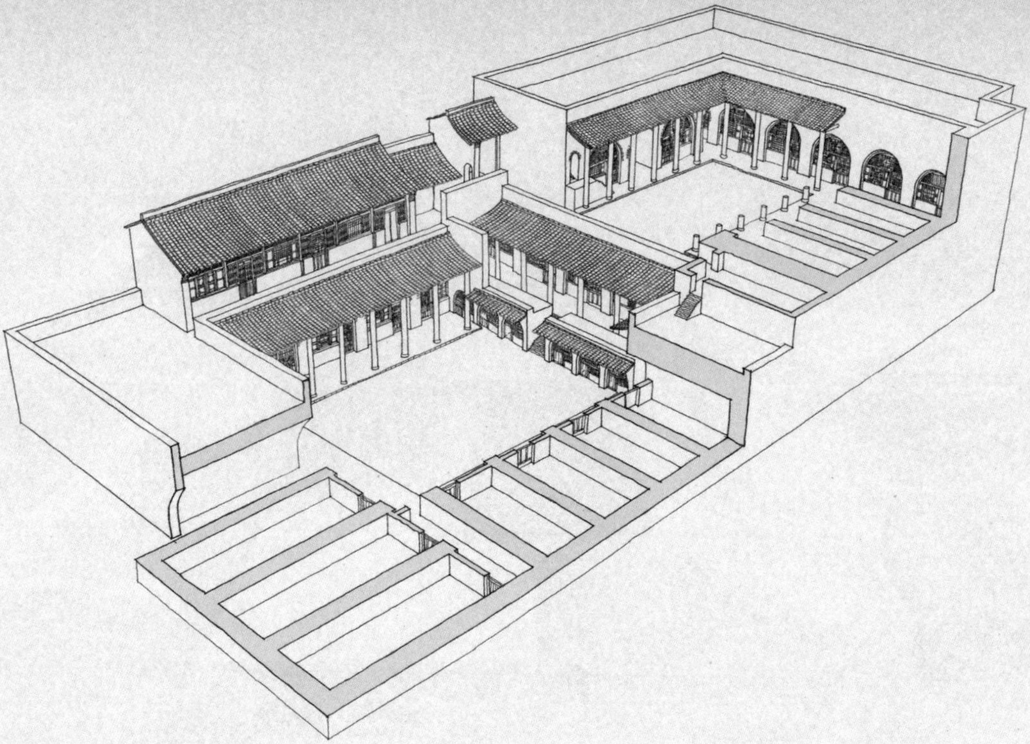

图2-54 天聚永剖透视图

便径直通向二层院落。二层院落正房也是7口窑洞，左右厢房各有3口窑洞。左侧厢房3口窑洞，将正中窑洞打通，作为二层院落通向巷道的入口。左右两侧窑洞都有一间硬山顶砖房。左侧是连通两层的楼梯，右侧砖房则另有楼梯，可直接通向一层窑洞屋顶（图2-54～图2-57）。

天聚永最具魅力的是生机盎然的庭院，推开油垢斑驳的大门，映入眼帘的不是高原黄土，而是几株枣树翠色掩映。院子里面光景甚好，厦檐高大，素白的窑脸色彩明快，树与树之间晾晒艳丽多彩的被子。白墙、檐上灰瓦以及院中那几棵肆意享受阳光的枣树，交相呼应、生机勃勃。这里没有深深庭院的阴冷，有的是阳光洒落的明媚，有的是质朴的生活气息（图2-58～图2-60）。

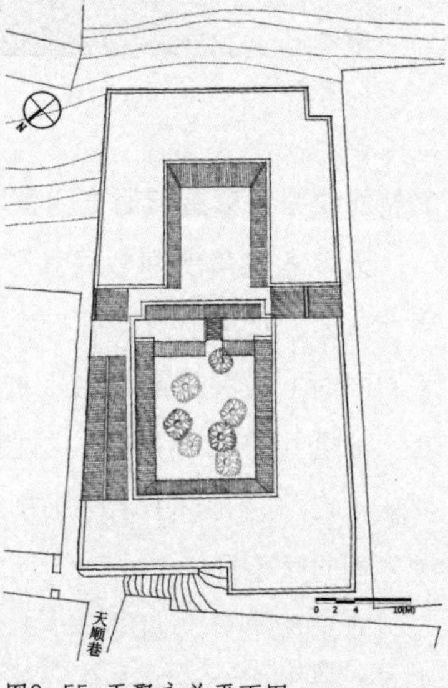

图2-55 天聚永总平面图

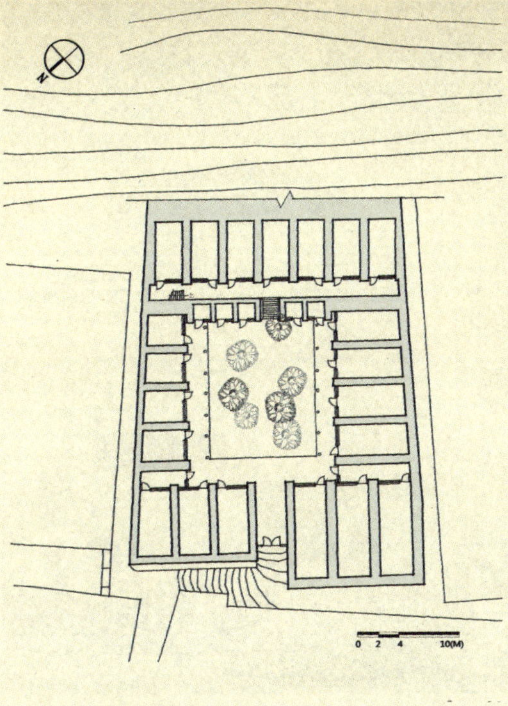

图2-56 天聚永首层平面图

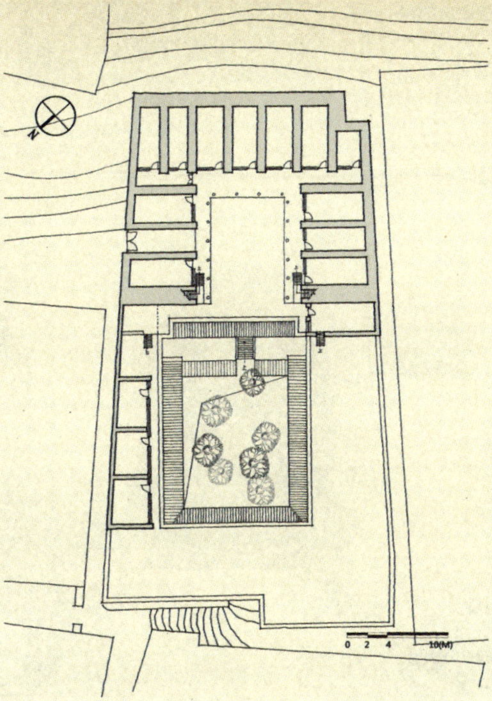

图2-57 天聚永二层平面图

图2-58 天聚永窑洞

图2-59 天聚永入口

图2-60 天聚永居民生活

七、义诚染（万全店）

义诚染位于西市街的中部，厘金局旁边，曾经是碛口印染业的领头羊，也是当地最大的作坊之一。染料以进口为主，将布料染成深蓝色、浅蓝色。其他颜色比如红、绿、黄、紫色也可以用进口颜料染，但是价格较高，很少使用。临县从民国9年开始种植棉花，原料充足，再加上大多数百姓消费不起进口的洋布，本地产的布料很受欢迎（图2-61）。

整个建筑分为两层，一层是四合院落，有13口窑洞，院内是主要的加工印染场所。二层有一个凹字形的廊道空间，朝西有6口窑洞。原先二层中间还有一间房子，后来倒塌了，没有重修，现在只剩一块高起的地基。高圪台上原先有明柱厦檐，现在已不存在，只剩下柱础。在二层北面有和百川巷连接的大门，南面则与厘金局相连（图2-62～图2-65）。

义诚染二层为粮油店，位于百川巷的二层门框上有厚厚的油疤，另外一层和二层没有发现直接相连的通道或者楼梯。方形的院落格局特别适合大规模的作坊式的生产，其临

图2-61 义诚染现状鸟瞰

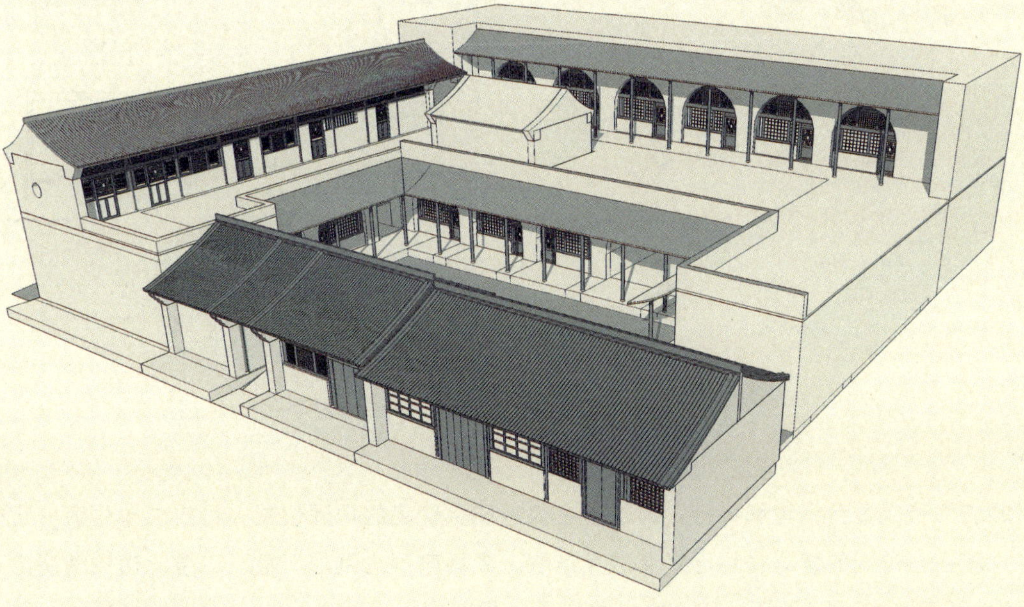

图2-62 义诚染复原模型

图2-63 义诚染复原剖透视模型

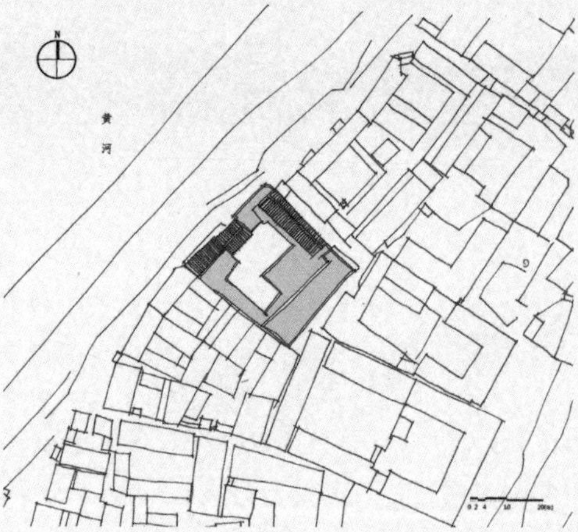

图2-64 义诚染总平面图

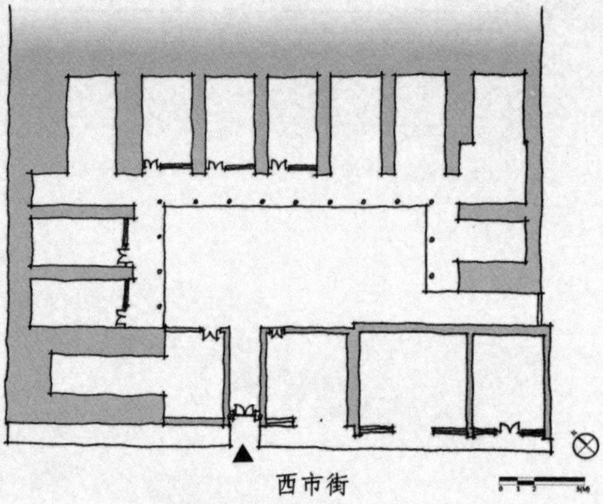

图2-65 义诚染平面图

街的店面可以负责销售和接待，再加上它靠近码头优良的地理位置，可想当年生意一定很好。现在，曾经的繁华作坊已经变成大杂院，南面窑洞也倒塌严重，二层北边的砖房出现坍塌，只有临街的店面还比较完好（图2-66～图2-69）。

图2-66 义诚染院落1

图2-67 义诚染院落2

图2-68 义诚染窑洞

图2-69 远观义诚染

八、厘金局（复合店）

厘金局位于西市区中段，位于义成染和永顺店之间（图2-70～图2-73）。清末至明国初年，这里曾是地方厘金局和官检局[1]。碛口地理位置特殊，历史上由永宁和临县各管一半。民国7年，厘金局只收缴印花税，大商号年收一二百银元，小商号收三五十银元。全镇每个商号另加十至二十元的河槽税。县地实施报税制，只缴人丁税和地亩税，人丁每年三角，地亩每年每亩收小米八合到一升两合。[2]现在的厘金局挂牌为碛口航运有限公司，实质功能还是民居，也是游客必经的景点（图2-74）。现存的店面是3孔窑洞，没有厦檐，最中间的窑洞立面又加了一层砖券，作为大门，门的上方有石质牌匾书写着“复合店”（图2-75）。

厘金局也是典型的前店后院形式，中间是大门，里面是狭长的内院，约8米长、3米宽。院子两边各有三口窑洞，正对大门的也是三口窑洞。二层的南面和北面原有两排砖房，现在只剩下部分残墙，形成空旷的平台。如图2-70所示，根据二层建筑残留的墙面进行了复原推测。

二层走道的北面尽头有一扇门，通向旁边的义诚染（万全店）。另一扇门通向上方楼顶，现已封闭不用。内部空间局促，但是建筑之间的组合很规整，小而精致（图2-76、图2-77）。

1 厘金局、官检局：都相当于现在的税务部门。

2 王洪廷.碛口志.山西经济出版社，2005.42.

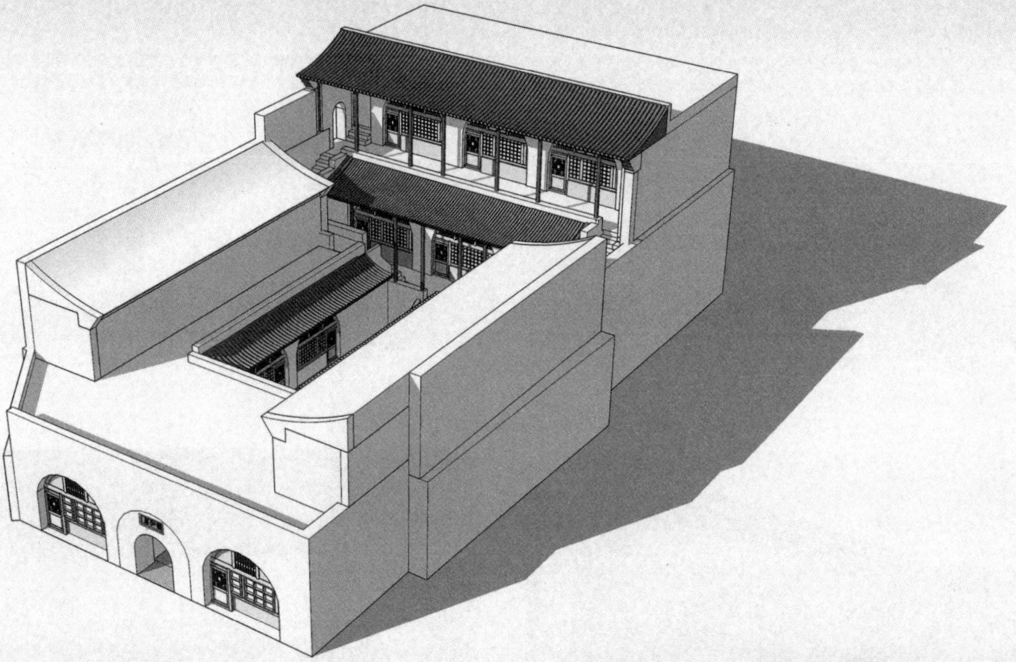

图2–70 厘金局复原俯瞰

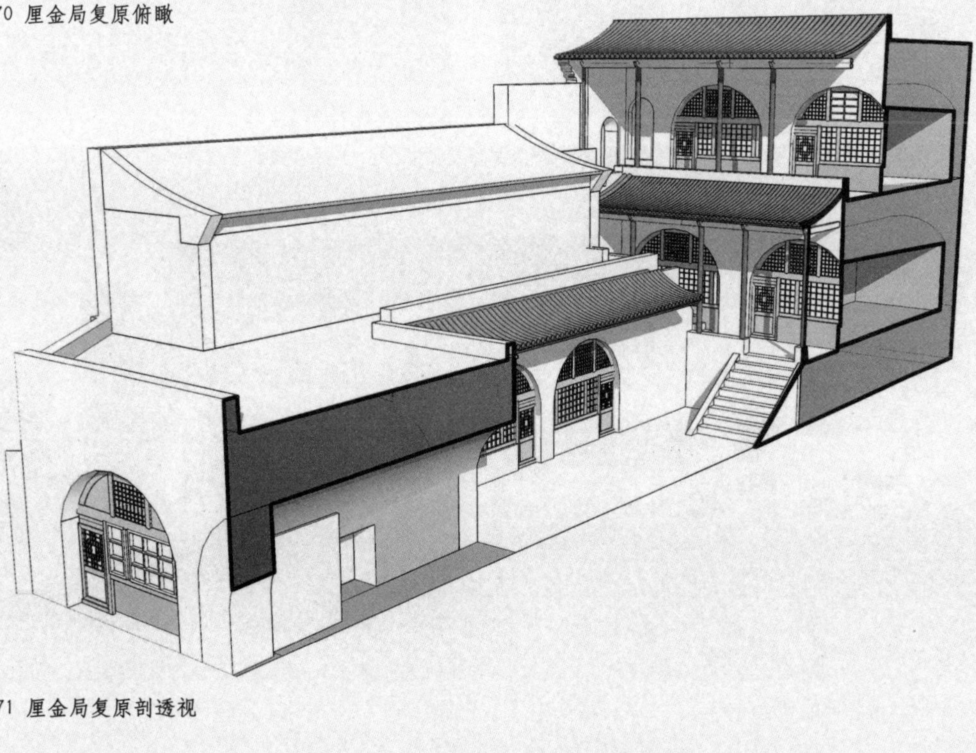

图2–71 厘金局复原剖透视

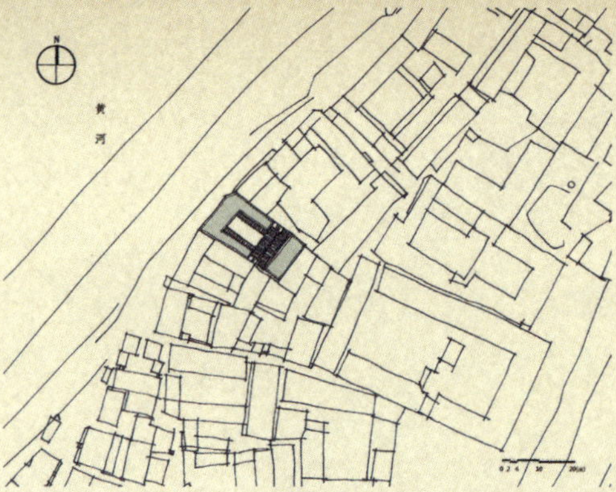

图2-72 厘金局总平面图

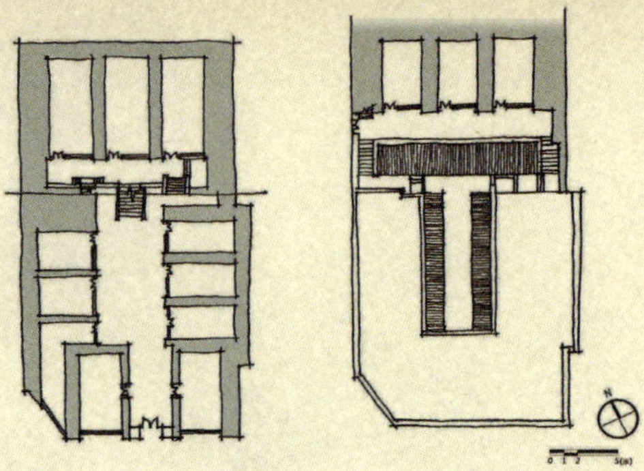

图2-73 厘金局平面图

图2-74 厘金局店面（现碛口航运公司）

图2-75 厘金局原石匾

图2-77 厘金局二层窑洞

图2-76 厘金局院落

九、裕后泉（四十眼窑院）

裕后泉北邻天顺巷分支，南邻四十眼窑院巷。裕后泉曾有四十孔窑洞，所以当地人称“四十眼窑院”，为碛口最大院落。该院是晋西首富陈懋之[1]的祖产。民国5年（1916年），陈懋之兄弟三人在此开办商铺，专营粮食，并酿造“裕后泉”白酒，并通过水道将其白酒运往西北。现为居住建筑，共有八户人家，前院后院各四户（图2–78）。

图2–78 裕后泉鸟瞰

1 陈懋之：远近闻名的西北首富，传闻是靠做粮食生意同时酿酒起家，做京广杂货发家，后来人送称号“陈百万”。

裕后泉坐东南朝西北。占地总面积约为2500平方米，总建筑面积约1400平方米，整个院落均为一层。裕后泉分为前后两个院子，均为三合院，由一正房两厢房组成。与中市街狭长的院落不同，两个院落宽阔开敞，主体建筑有明显轴线，南北向共为65米，东西向约为37米。主体建筑为一层窑洞，附属建筑为一层砖木结构建筑。院落有三个入口，北侧院落有两个，南侧院落有一个。两个院落通过一道矮墙分隔，且有高差，南侧院落比北侧院落整体高1.5米左右。在北侧院落中央，以及南侧院落西南角分别有一棵树，为宽敞的院落提供乘凉之处（图2—79～图2—87）。

裕后泉北侧院落正房坐北朝南，为靠山窑，共9口窑洞，开间3.2米，进深7.5米。有明柱厦檐，高圪台约0.9米。两侧厢房均为锢窑，各有4口窑洞，开间为3.4米，进深为7.2米。有明柱厦檐，无高圪台。裕后泉南侧院落正房坐南朝北，为锢窑，开间3.2米，进深6.6米。两侧厢房为锢窑，开间约为3.5米，进深约为7.6米。正房厢房均为石窑，有明柱厦檐，无高圪台。

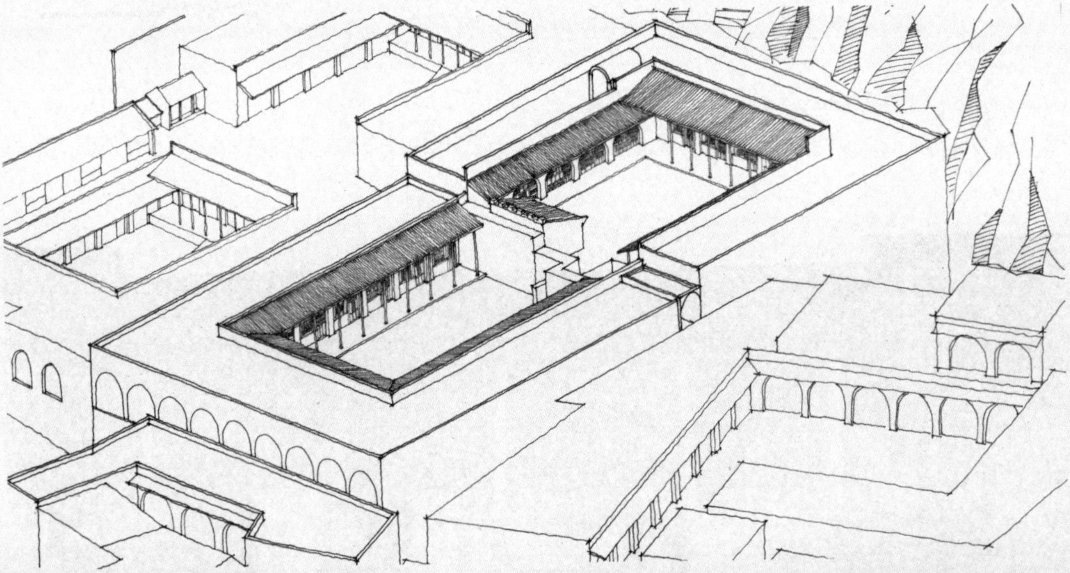

图2—79 裕后泉轴测图

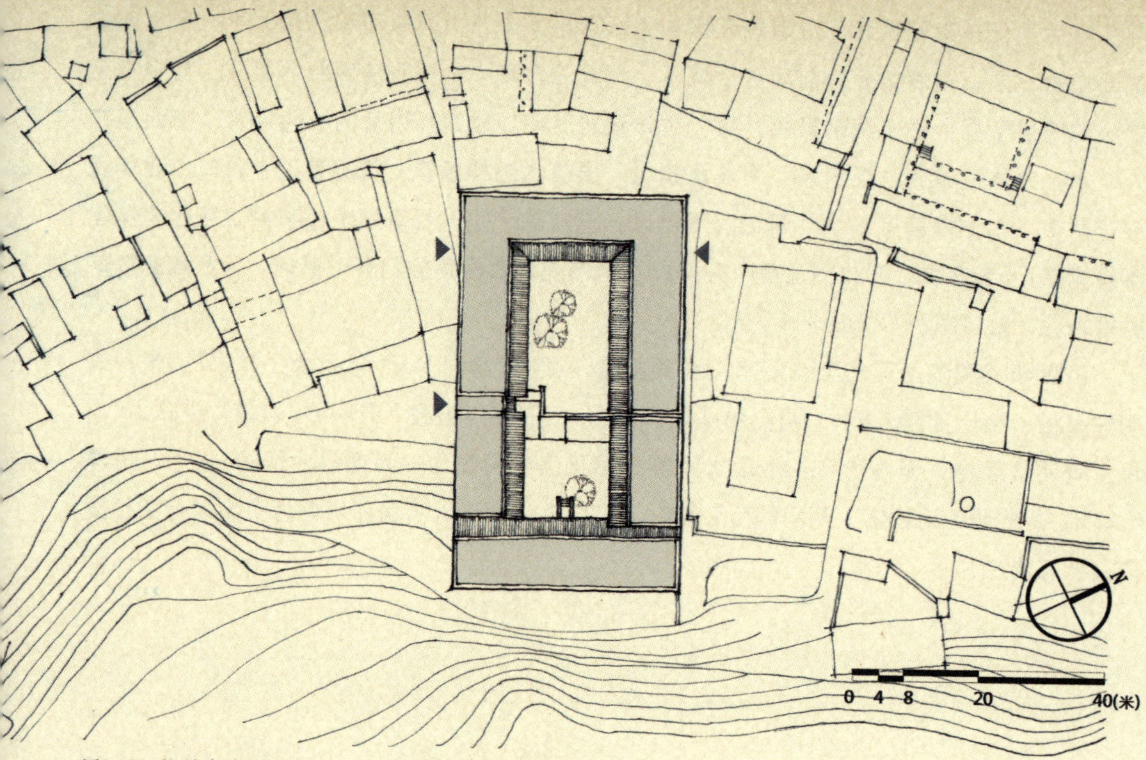

图2–80 裕后泉总平面图

图2–81 裕后泉北院内院北立面拼接

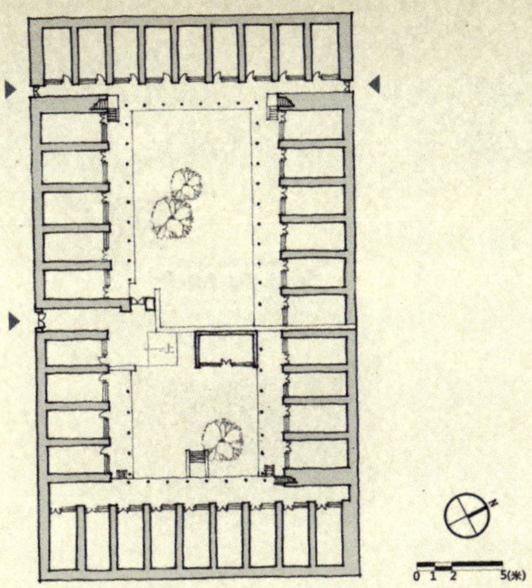

图2-82 裕后泉平面图

图2-83 裕后泉北院厢房

图2-84 裕后泉南院正房窑洞

图2-85 裕后泉南院厢房

图2-86 裕后泉院内石磨

图2-87 裕后泉院内石材铺地

十、永顺店

永顺店位于西市街中段，北临厘金局，南靠永隆店。院落面积较小，占地约400平方米（图2—88～图2—91）。

建筑整体沿西市街建造，和周围的店铺融为一体。院落小而精致，为前店后院格局，大门（图2—92）朝西。由于碛口古镇的旅游开发，现在功能变更为餐馆。

永顺店是一个由西侧临街的六间半砖房和东侧三口窑洞、南北两侧各三口窑洞围合而成。院子进深11米，宽5米，形状接近矩形，以大门为轴线对称布局。正对大门处有住家新

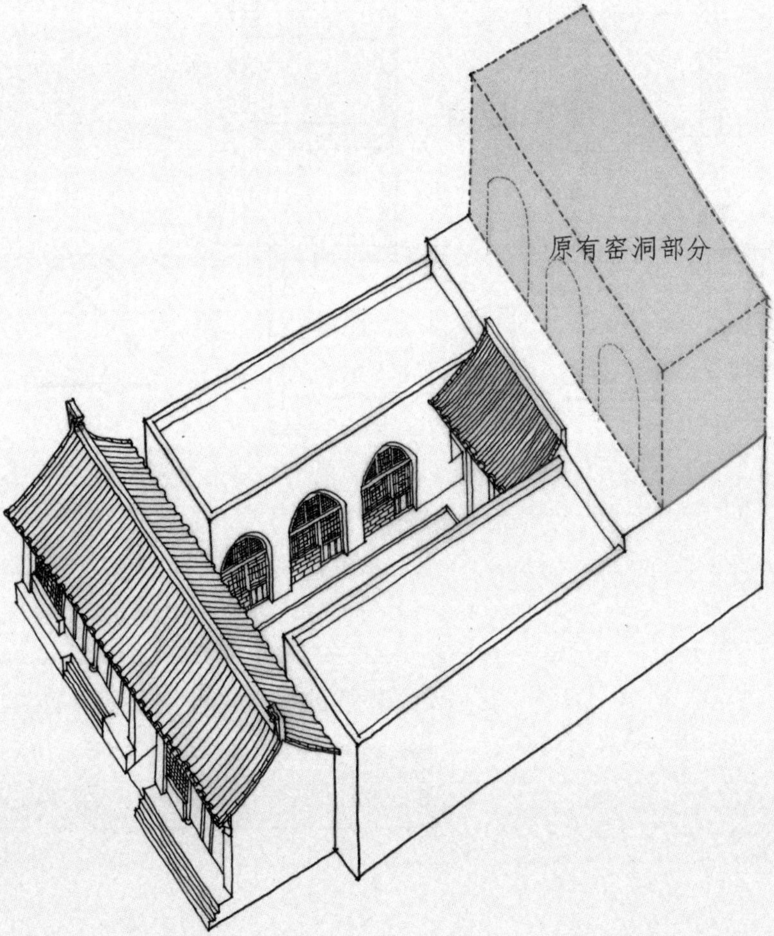

图2—88 永顺店轴测图

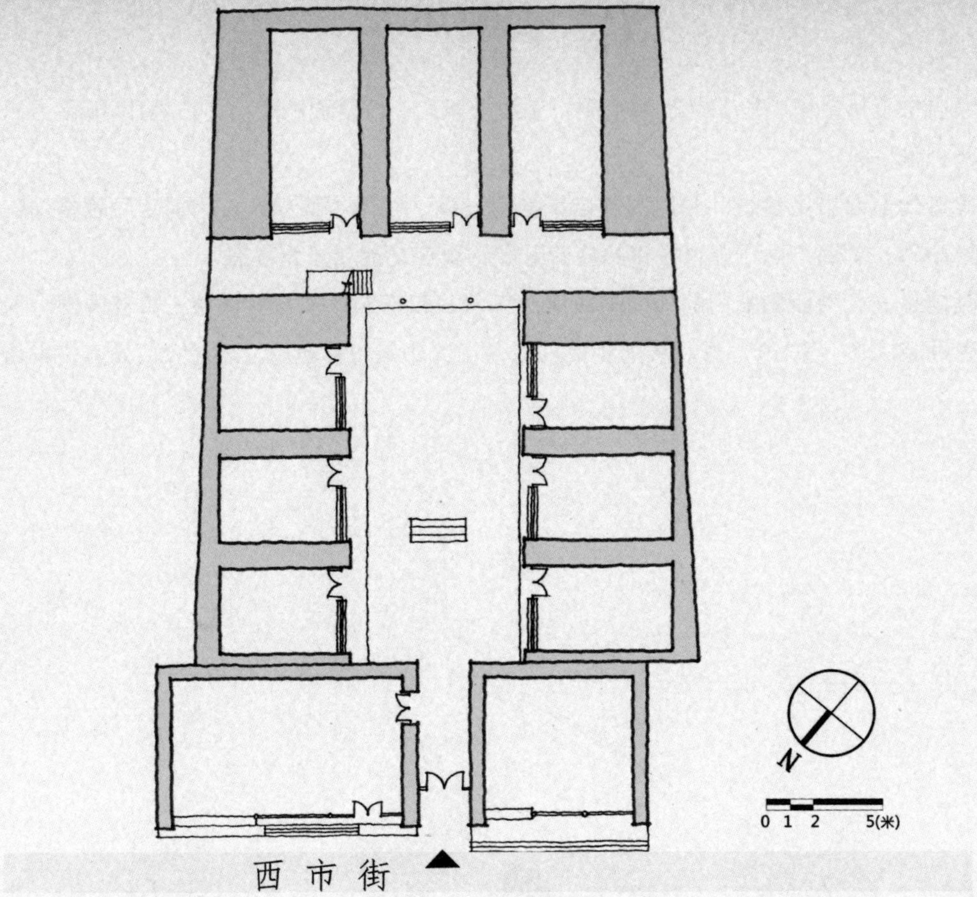

图2-90 永顺店平面图

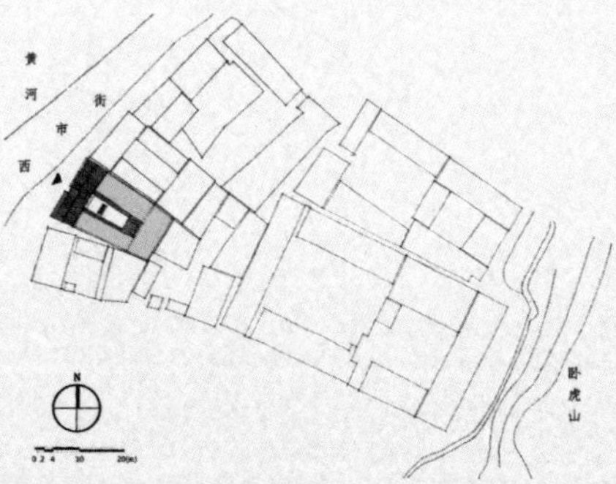

图2-89 永顺店总平面图

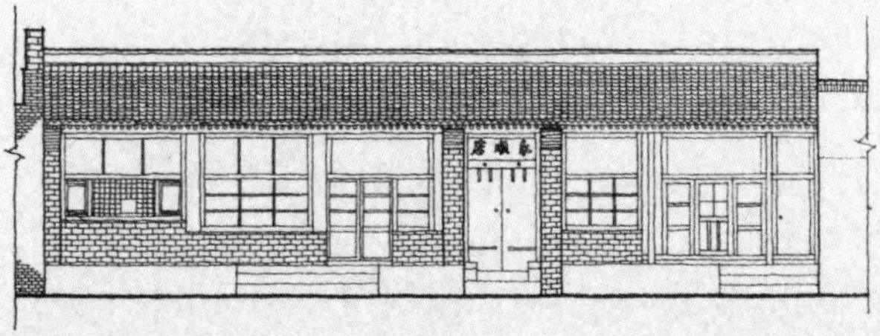

图2-91 永顺店沿街立面图

建影壁（图2—93）。据住家回忆，院落二层也曾经建有窑洞和砖房，后被拆毁。

大门位于西侧的砖房左右，分隔出三开间和两间半开间。砖房临街面高出街道近1米，从而使得街道大门之间通过一段陡的坡道相连。正对大门的是3口面宽2.9米，进深6.6米的石砌窑洞，窑前挑出2.4米的明柱厦檐。院子左右两侧各是三口石窑，左侧窑洞面宽2.4米，进深4.2米；右侧窑洞面宽2.4米，进深4.7米（图2—92～图2—94）。

原本三面窑洞厦檐和西侧砖房的屋顶围合，形成四水归堂的形制。如今，南北两侧厦檐不复存在，仅剩东侧厦檐，东侧窑洞前挑出的明柱厦檐却别具特色。据工匠讲述，碛口本地的明柱厦檐做法一般是挑出1.5米，而这里却挑出3米有余。

图2—92 永顺店沿街立面

图2—93 永顺店院落

图2—94 永顺店窑洞

临街的砖房建于高台上，为抬梁式架构、硬山顶。现以中间大门为界，两家人居住于此。从大门进入院子，另成一家，现为餐馆。从外进入大门狭长深远。可看到两侧山墙墀头层层突起的砖，以及大门前的门簪与高挂户对之上的牌匾。

西侧砖房的屋顶，以大门边缘为界，用筒瓦封边，其余板瓦铺盖。院内的窑洞仅用一层石块起拱，相较于其他窑洞，开间变大。

十一、楼楼店

楼楼店位于卧虎山西侧，处于古镇北部，距骆驼圐圙约60米。院子四面围合封闭，周围院落环绕，北有粮油店，南临忠黄院，东侧为万益成，西侧有一条巷子可通向西市街。楼楼店处在一个院落密集的区域，周边院落各具特色，比如碛口制高点的广生源，独栋屏门式的店铺两湖楼以及院子宽敞明亮的忠黄院（图2−95）。

图2−95 楼楼店现状鸟瞰

据说，楼楼店曾是出售茶叶的店铺。《茶经》有云：“茶者，南方之嘉木也。”该店铺也颇有南方建筑之风韵。两层阁楼精巧玲珑，木质门窗样式繁复，青砖灰瓦，挑檐砖雕。院内窑洞呈L形排布，围合院落，轻巧而不失稳重。如今院落新修，两层阁楼闲置，内部居住了几户人家。

楼楼店为四合院，西、北两侧窑洞呈“L形”，东侧为单层砖房，南侧店铺为两层阁楼式砖房。西侧三口窑洞略高于北侧四口窑洞，使得整个院落重心向西侧偏。由于古镇东临黄河，西靠卧虎山，院落正房自然处于一个面朝黄河背靠山的位置。东侧的单层砖房较为封闭，仅面向院落开门。南侧房屋一处对外开门。以大门作为分隔，大门以西二层阁楼为店铺，大门以东二层阁楼仅作连通之用，故而大门之上能通行。大门东西两侧阁楼屋顶分离开来，互相垂直（图2–96～图2–98）。

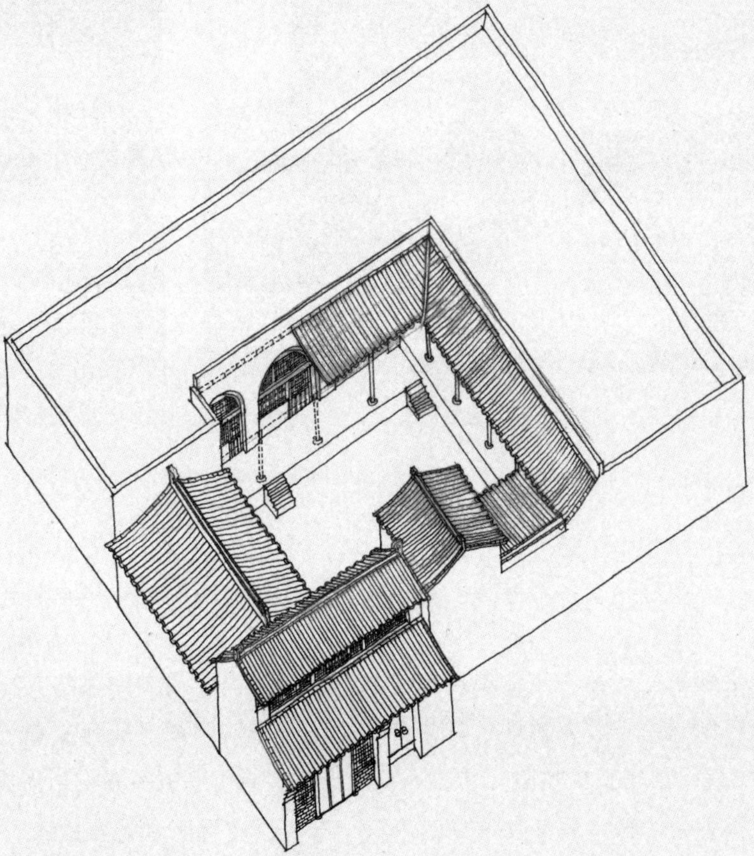

图2–96 楼楼店轴测图

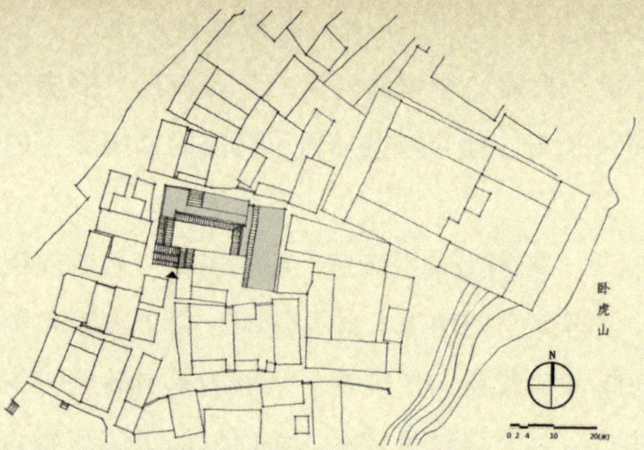

图2-97 楼楼店总平面图

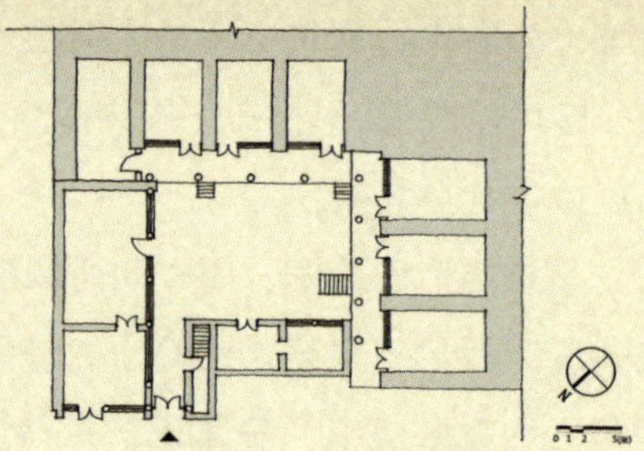

图2-98 楼楼店平面图

图2-99 楼楼店院落

图2-100 楼楼店窑脸

楼楼店以两层阁楼作为主要立面，第二层的阁楼较一层略矮，缩进约半个进深，显得建筑比例纤长。再加上大面积采用镂空式窗扇，给人轻薄剔透之感。山墙敦实厚重，仿佛房屋的重量全都压在这里。东侧单层砖房朝向院内开门，门窗做法与入口阁楼相仿。北侧、西侧的窑洞略高于院内地坪，其中西侧更高。窑洞前都有明柱厦檐，比例细长，阳光打在上面，院子显得更为宽敞。转过西侧的窑洞，南侧还有一开间单层砖房，单层砖房依靠在窑洞和高楼之间，却没有独立的入口，与两层砖房两者内部连通（图2-99、图2-100）。

十二、广生源

广生源位于圐圙对面，西面是二道街，东面原先也是商业街。院落背山面水，视野开阔，地理位置极好，在碛口任何一个角落几乎都能看到这栋三层建筑。建造者和裕后泉相同，也是陈懋之。据当地老人回忆，陈懋之当时主要以粮食和酿酒生意起家，后来做京广杂货，相当于现在的外贸。由于经营得当，一步一步发展为西北首富。广生源是陈家在碛口最大的店铺，也是当时碛口最高的建筑。陈家衰落后，大院几经易手，后来被商家买下作为饭店，如今闲置（图2—101）。

广生源是四合院，除了东西面店铺，南北方向封闭严实，犹如城墙一般。建筑整体很高，防御性强。东立面很特别，靠南方向是南方店铺的门板样式，靠北面是北方店铺的窗台样式，体现出主人走南闯北的经历。

建筑的基础是一个向西倾斜的土坡，利用坡地的地形形成三层楼。早先楼下是二道街，底层面向的三口窑洞是店铺，并且和底层其他用作货运的窑洞相连。底层的窑洞和一层内院之间曾有通道相连，现已被堵死（图2—102～图2—106）。

图2—101 广生源鸟瞰

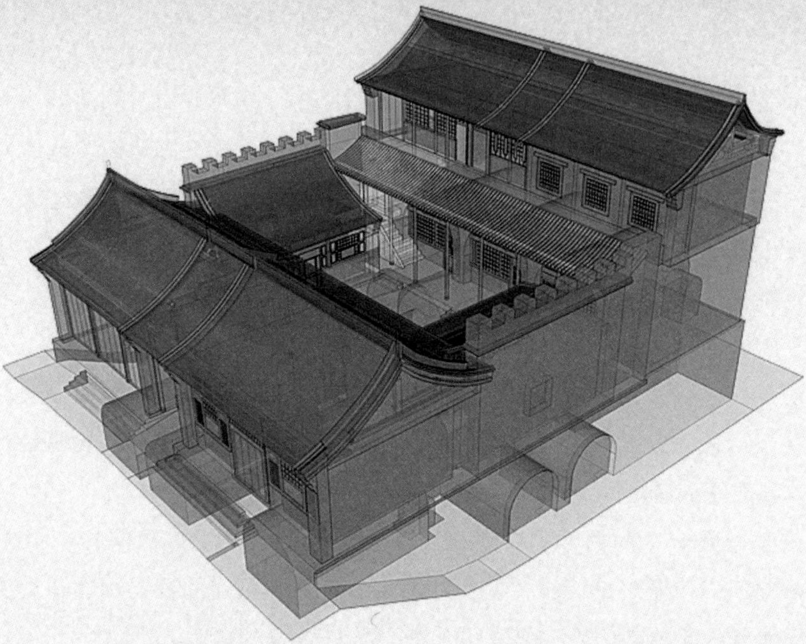

图2-102 广生源模型图解

图2-103 广生源剖透视

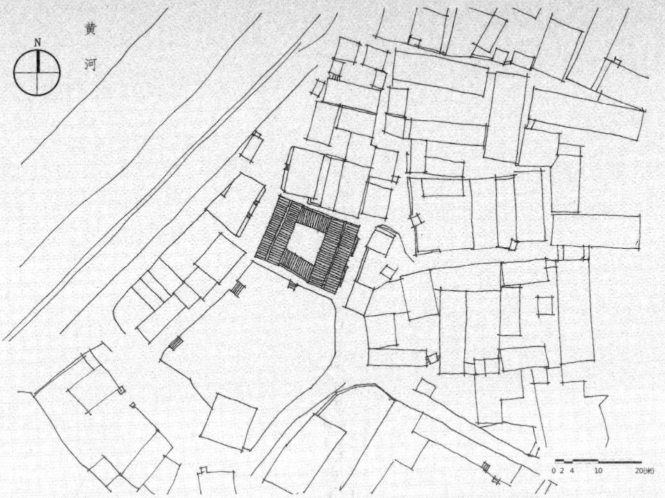

图2—104广生源总平面图

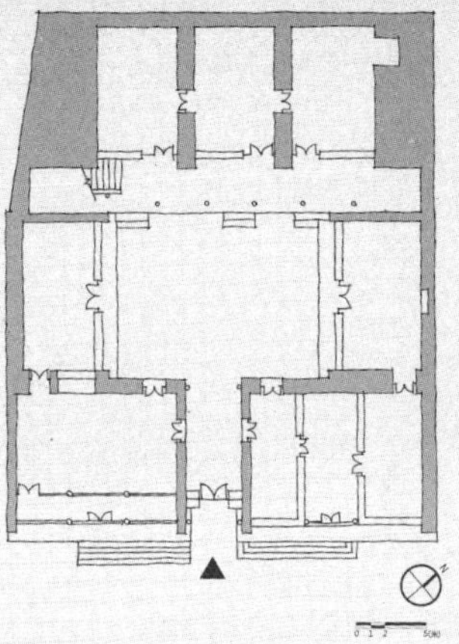

图2—105 广生源平面图

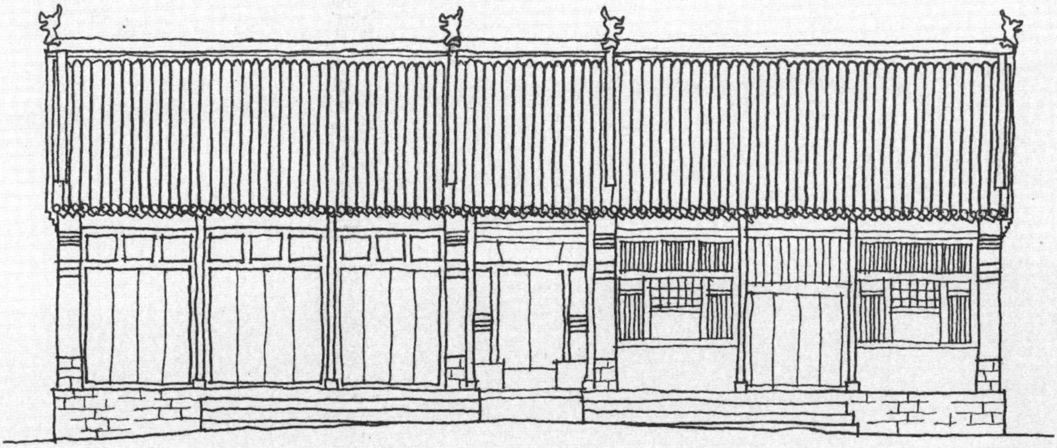

图2—106 广生源立面图

院子内为两层，正房下面是窑洞，上面是砖房，偏房是纯砖房，和西面的店铺相连。院内房间基本对称。由于近年无人维修管理，稍显破旧。二层砖房有一半空间是封闭的走道，其他部分都是碛口特色的厦檐。

南偏房原先是饭店的厨房，但是在里面发现了火炕的痕迹，所以推测原是卧房。厦檐的尽头是楼梯，是通往二层的唯一通道，楼梯是已堵死的通往底层的通道。偏房背后的烟墙上有垛口，出烟口位于其中，和其他部分结合甚洽。

总体而言，广生源整体设计突出安全和实用，上下贯通，交通流线清晰，功能分区明确。建筑高大威严，从外面看像堡垒，然而细节部分依然丰富精致（图2–107～图2–113）。

图2–107 远眺广生源

图2–108 广生源院落

图2–109 广生源枕石两边的菊花浮雕

图2–110 广生源的雕花墀头

图2—111 远眺广生源[1]

图2—112 远眺广生源[2]

1 清晨远眺广生源，炊烟袅袅中仿佛仙境，远处黑龙庙依稀可见。

2 从李家山方向看去，广生源在群楼之中依然是老大哥的地位，像一个卫士，守卫在河边见证碛口的起起落落。

图2—113 广生源一层居民

十三、十义镖局

十义镖局位于卧虎山西侧，距山脚80米。这是古镇中唯一的无院落独栋建筑，处在古镇的中心地段，在骆驼圐圙的东南角，东临德义兴，南侧是永丰店，占地约270平方米（图2—114）。

据说，十义镖局是由十个兄弟合伙开设的，最看重义气，故取名“十义镖局”，是碛口古镇上唯一的镖局。

现在镖局中有两户人家居住，并没有设立任何商业设施，整体保留完整。十义镖局是碛口唯一一栋两侧挑出厦檐的建筑。俯瞰镖局，整体长约30米，最宽处约8.5米。主体为五口窑洞，分别向东侧和南侧挑出厦檐。东侧厦檐用砖石围成防护性的墙体，并在视线范围之上设置防护窗，即密集的木质栅栏，凸显建筑的安全防护功能。南侧厦檐延伸出一座建于高台之上的单坡砖房。居民回忆，二层曾经也建有砖房，后因故拆毁。现在，居民在二层建了一个挑檐，方便晾晒衣物的时候出入（图2—115～图2—118）。

图2-114 十义镖局鸟瞰

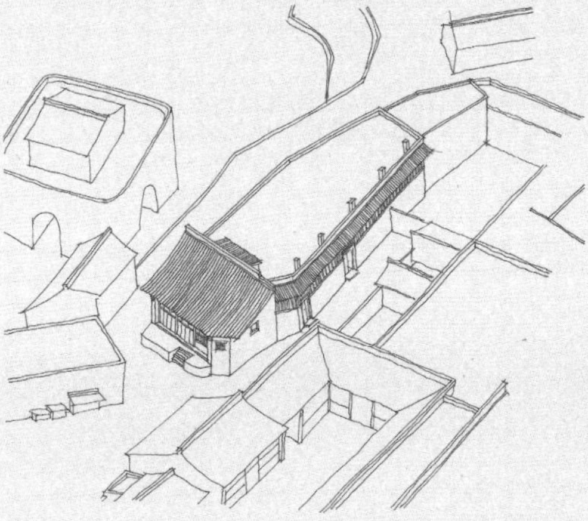

图2-115十义镖局剖透视

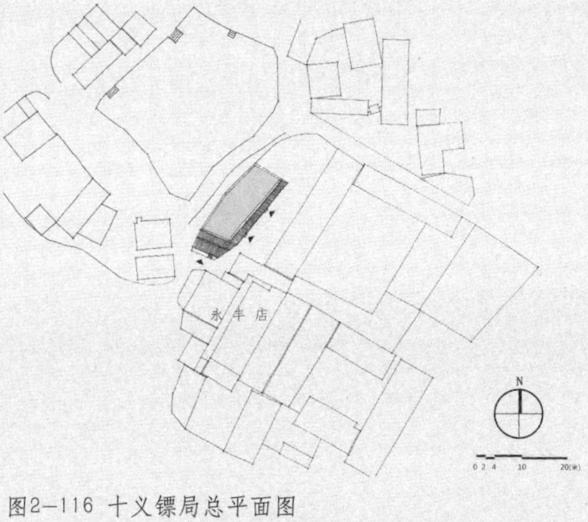

图2-116 十义镖局总平面图

镖局西侧还有一条小小的沟渠，与古镇街巷排水系统相连接。镖局因地势而建，北高南低，南侧砖房建立在高台之上。如今建筑由东侧偏北开门进入。进去便是由2.1米宽的厦檐形成的过道，由北至南第三口和第四口窑洞之间用一道木门分隔。过道南边的尽头便是通向二层的石质楼梯（图2–119～图2–121）。

通过最南侧窑洞的墙与砖房相连接，因墙体厚实，通向二层的楼梯正下方便是窑洞与砖房连接的洞口。南侧的两口窑洞东西两侧开门，东侧与厦檐空间相连，西侧直接与沟渠相通。考虑镖局的用途，西侧的门或许是为了便于外面货物直接进入而设立。

镖局南侧砖房建在石砌高台上，为单坡顶硬山抬梁式结构。两侧山墙檐柱外的砖砌墀头，在与檐相接部分形成四层盘头。在砖房门面的窗户上还装有细密的铁丝网，既不阻碍视线又可以防盗。在东侧石砌围墙上装有木质防盗窗，由直径五六厘米的木棍等间距密密麻麻排布，让盗贼望而却步。砖房北面与窑洞连接，故而横梁一侧固定在窑洞上。东西两侧都是砖砌的山墙。5口为石砌而成，但现在表面刷有一层砂浆，并不好辨认。而在建筑的西侧，大大小小的石块砌成的痕迹清晰可辨（图2–122～图2–124）。

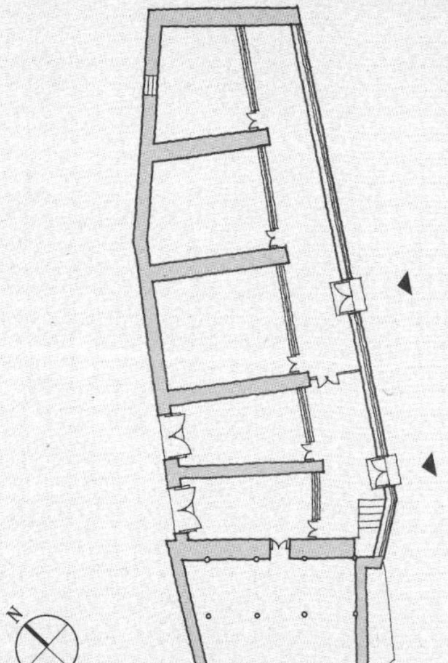

图2–117 十义镖局平面图

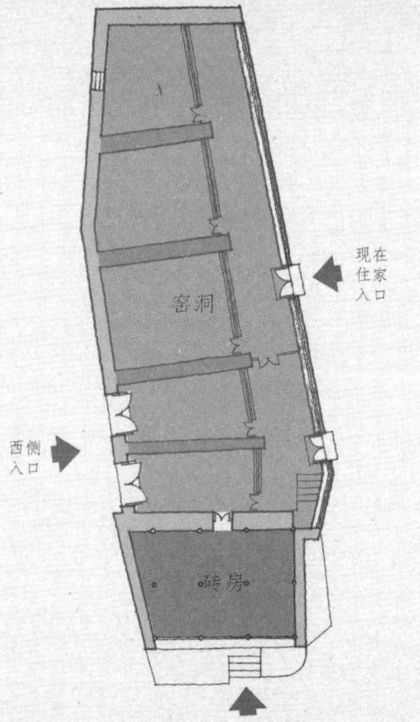

图2–118 十义镖局平面分析图

图2-119 镖局西侧沟渠

图2-120 十义镖局南侧挑出的砖房

图2-121 遥看十义镖局

图2-122 十义镖局东南立面

图2-124 十义镖局东侧细密的木质防盗窗

图2-123 十义镖局南侧窗户上的防盗铁丝网

【第三章】

市列珠玑，中市楼阁

SHILIEZHUJI
ZHONGSHILOUGE

中市区位于碛口的中心部位，起于驴市巷，止于拐角巷。中市街连接西市街和东市街，长约160米，宽度约3米，两侧店铺密集，是最繁华的商业地段，相当于现在的"金融街"。街道两侧有许多票号、钱庄等金融机构，以及售卖新奇货物的门面商铺，如大德通钱庄、祥纪烟草、兴胜韩等。由于商业价值高，所以后来平行于中市街又衍生出"二道街"和"三道街"，街道两侧也都鳞次栉比布满店铺，可惜二道街和三道街后来被洪水冲毁，现为一片空地，仅有地势较高的老街部分留存了下来（图3-1～图3-4）。

本章介绍位于中市区的永丰店、丰记货栈、兴胜韩、世恒昌、祥记烟草、大德通钱庄、义记美孚和洋火店七个主要院落（图3-5）。

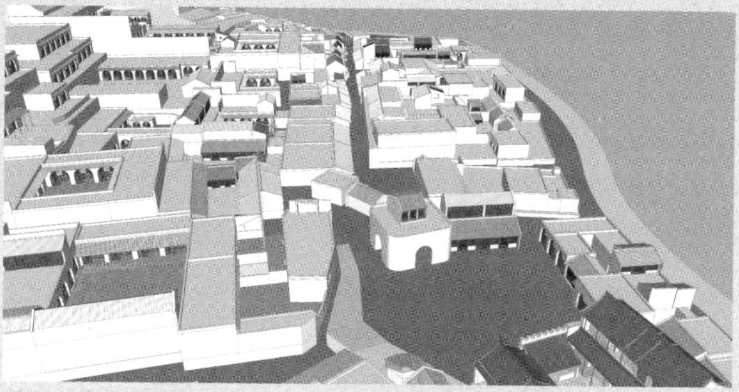

图3-1 中市街模型图1

图3-2 中市街模型图2

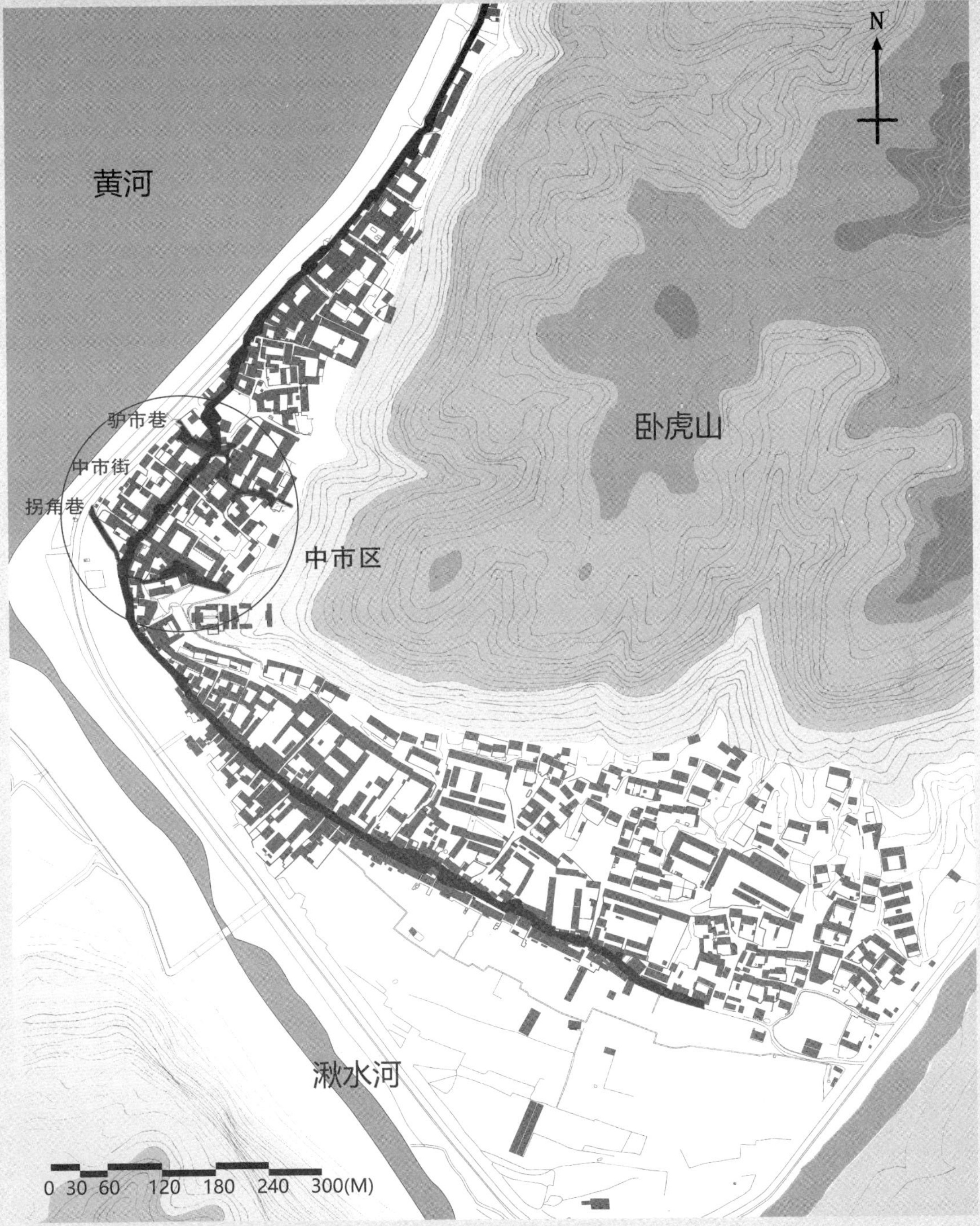

图3-3 中市区位置图示

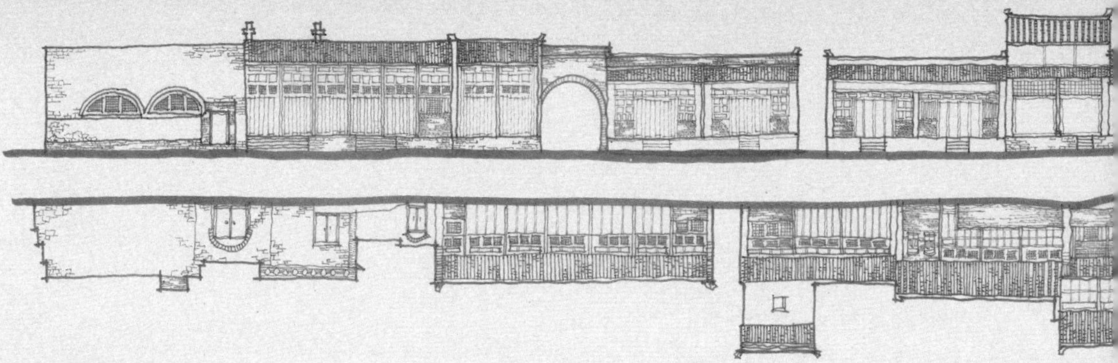

图3-4 中市街立面展开图

图3-5 中市街院落分布

一、永丰店

永丰店位于卧虎山西北侧，处于古镇中心地带，毗邻骆驼圐圙、十义镖局，与中市街直接相连，北靠德义兴，南临永裕店，东倚高升店。据《碛口志》记载，永丰店又称丽源通，是汉口人在民国年间开设的海味店，主要出售虾米、虾酱、海参、鱿鱼、海带等海产品。当时碛口南来北往的商贾很多，南方人偏爱吃海味，而当地人却极少吃。随后有人开始尝试，吃的人越来越多，生意也就越做越好（图3–6）。

永丰店现为碛口镇的供电所，院落现已进行过维修，门窗整体较新。院落维护较好，窑面和檐柱均有粉漆。

院落四面围合，呈现一个完整的矩形。二层建筑已损毁，只有正房窑洞顶上

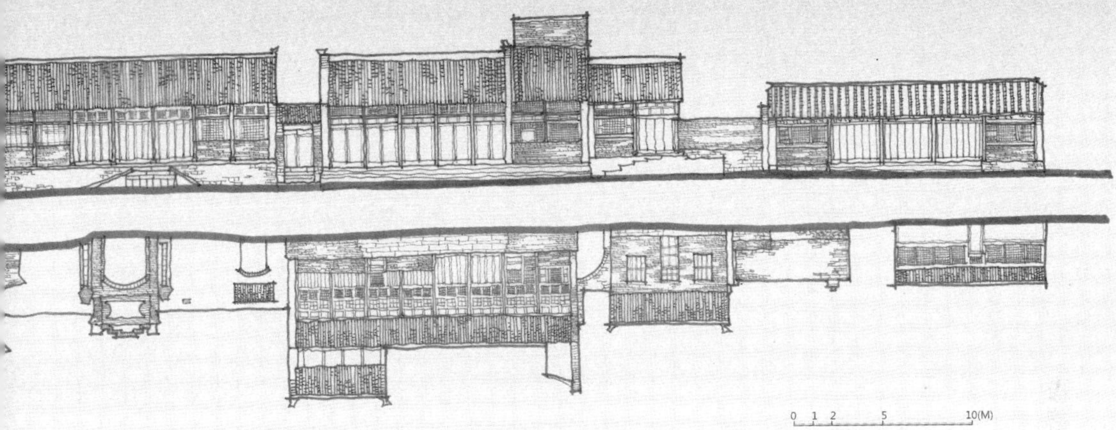

图3-6 永丰店现状鸟瞰

有一平台，与周围院落相接。院落设有两个出入口，都在西侧，一为店铺大门，另一为院落出入门洞（图3–7～图3–10）。

永丰店店铺立于高约1米的高圪台上，通过平台及台阶与街道相连。店铺为五开间硬山砖房，门口立有石狮子。店面为典型的南方店铺形制，中间三开间为可拆卸的屏门。两端为槛窗，窗户纹样细致精美，用木质格栅罩住，作防盗之用（图3–11）。

店铺大门左侧另开一小门，作为院落单独出入口。门上装饰丰富，院落保留原有的“永丰店”牌匾。屋脊正中饰有镂空花雕，屋脊砖雕有芙蓉、卷草纹，端头有吻兽立于其

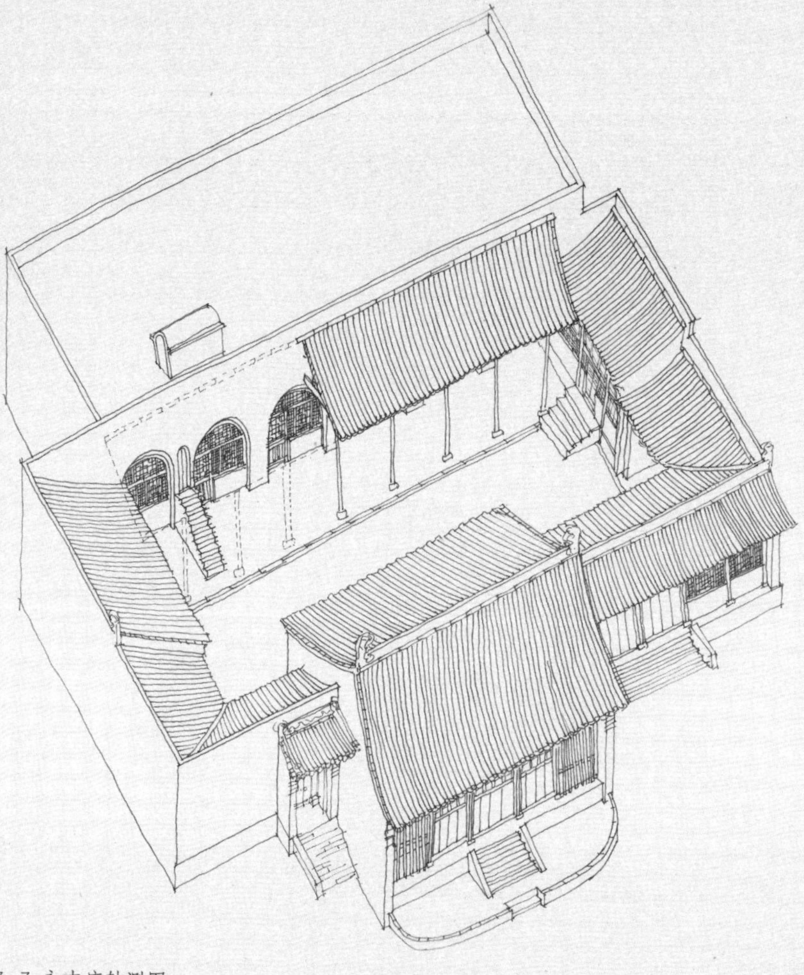

图3–7 永丰店轴测图

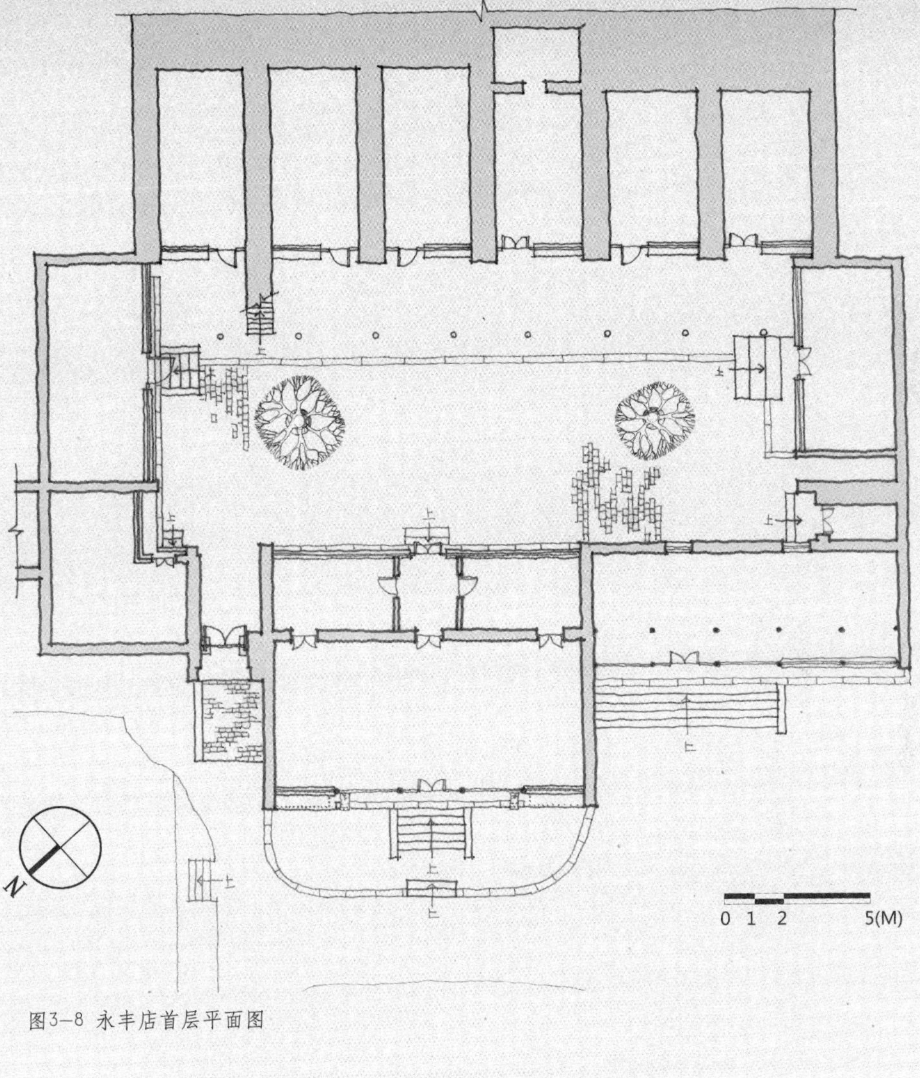

图3–8 永丰店首层平面图

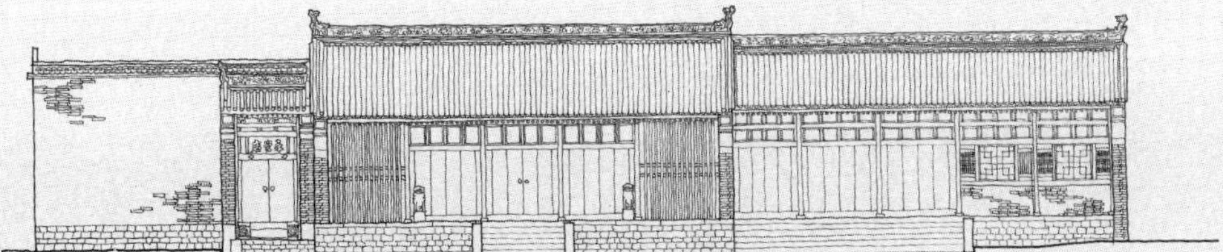

图3–9 永丰店立面图

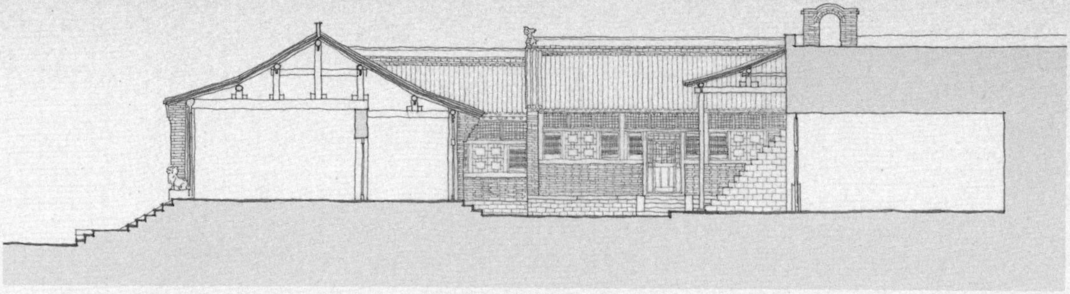

图3-10 永丰店剖面图

图3-11 永丰店立面及木格栅下的窗户纹样

图3-12 永丰店的雕花墀头

上。门上筒瓦铺顶，勾头、滴水纹样修复一致，椽头饰以新漆。门簪为漆有红绿两色双层花瓣形式，走马板采用木雕海浪样式，中槛下龙形木雕板色彩明亮。山墙盘头层层叠落，戗檐砖上刻有龙纹、花草等纹样。大门漆以暗红色，铺首新修为狮子头样，抱鼓石为方形并刻有圆形花朵纹样，门槛约有0.4米高（图3-12、图3-13）。

走进院子，正房挑檐下的柱子漆以大红色，显得格外醒目。正房为5口窑洞，窑脸都涂白漆，白门、灰墙、红柱子，交相辉映，使得院落色彩明丽。

窑洞正房两侧都是单坡硬山砖房，砖房与店铺相连处各为一间较矮的砖房，现为辅助用房。窑洞、两侧砖房、店铺，四面建筑屋顶朝内。院落中还保留两棵枣树。正对院落门楼的一角，有一部通向二层的楼梯。窑洞二层作为连接其他院落的平台，现在已荒

图3–13 永丰店院落出入口

图3-14 永丰店院落

废（图3-14）。

碛口在繁盛之时吸引了天南海北的商贾前来，其中不乏南方商人，故而部分建筑带有南方商铺的特点。北方冬天寒冷，通常不会设置板门。为了售货方便，工匠借鉴南方商铺板门的做法，碛口中市街店铺几乎都为板门。

二、丰记货栈

丰记货栈地处卧虎山西侧，距黄河堤岸约40米。该院落位于中市区，北邻画市巷，东侧面向中市街。1949年，王子丰与商界朋友合伙开办过载货栈，名为“庆合货栈”。当时反动组织会道门“一贯道”[1]活动猖獗，公安部门派人打入货栈，明为经商，暗中侦查。为便于工作开展，便利用王子丰在商界的威望，取其“丰”字，更名为“丰记货栈”。现整个院落分别为两户人家居住。面向中市街的一户是名为“超强杂货”的店铺，同时有一家三口居住。面向画市巷一户，功能为纯住宅，包括院落及二层阁楼（图3-15）。

1 “一贯道”发端于晚清，极盛于1940年代。抗战期间，“一贯道”将大量汪伪政权官员发展进入组织。取缔“一贯道”行动是新中国成立初期，伴随着大规模的镇压反革命运动而进行的一场深刻的群众斗争。

图3–15 丰记货栈鸟瞰

丰记货栈为典型的商住结合建筑，西北、东南朝向。院落占地总面积约318平方米，总建筑面积245平方米，局部二层。整个院落狭长，呈三合院形式。南北向为31米，东西向为10米。面朝街道的建筑为二层，其余为单层。院落北侧建筑为纯住宅，西侧为辅助用房，即厨房、储藏间等，东侧临街建筑为商住混合。丰记货栈有两个主要入口，一为面向中市街的店面入口，一为院落东南角与画市巷相通处。还有一个次要入口，在院落西北角（图3–16～图3–19）。

丰记货栈沿街建筑首层为箍窑，在沿街面增加单坡木结构砖瓦建筑，作为店面空间。窑洞只在东西方向起了一口拱，窑内净宽4.3米，净长9.5米。砖木建筑为三开间，其中两开间为商铺，单开间宽度为2.85米；一开间为卧室，宽度3.7米。窑洞部分与东侧辅助用房相连通。二层阁楼曾名为“绣房”，为未出嫁姑娘的闺房。楼梯藏在3米宽的墙内。北侧有长4.3米、宽2.6米的露台。院落北侧为石箍窑，共两孔，大小相同，开间为3米，进深5.5米，无柱无檐（图3–20）。

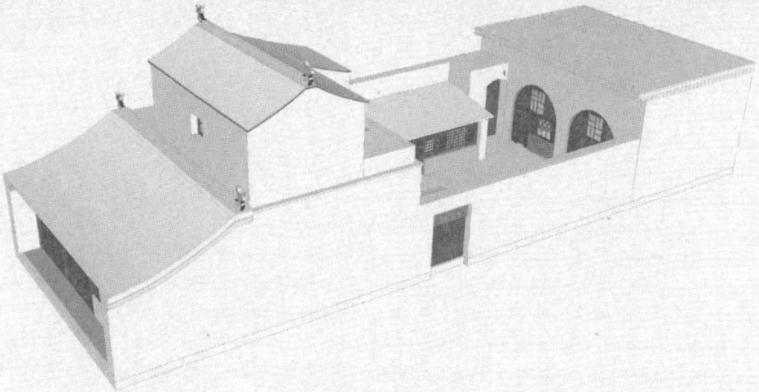

图3-16 丰记货栈俯瞰模型

图3-17 丰记货栈剖透视

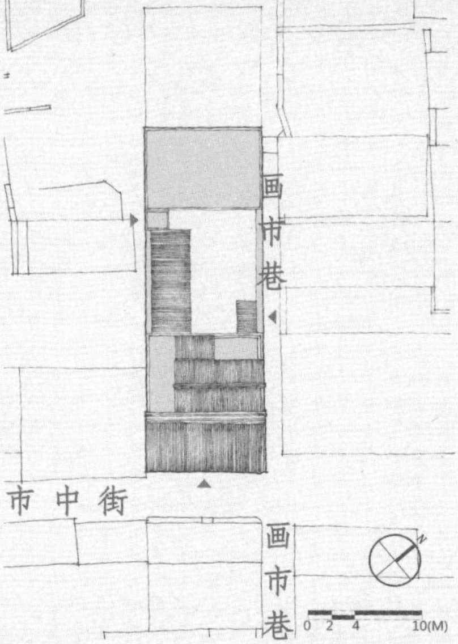

图3-18 丰记货栈总平面图

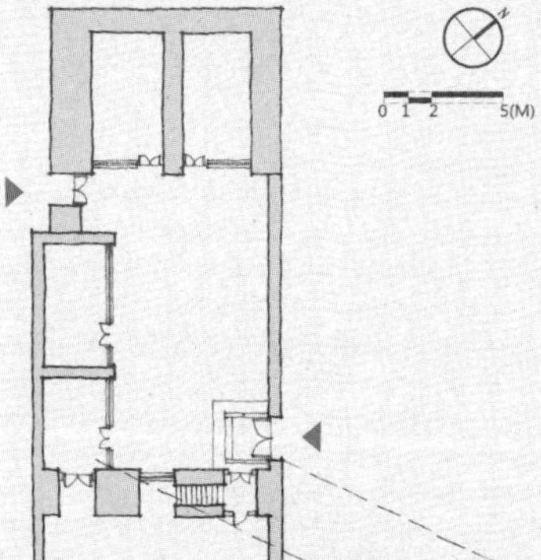

图3-19 丰记货栈平面图

图3-20 院落北侧窑洞

三、兴胜韩

该院落名号早年间承袭自“兴盛韩”，本是碛口著名的药店，由韩氏人家创立。韩家祖籍河北邯郸，于清朝乾隆年间来碛口闯荡。起初为走街串巷卖笔墨纸张的货郎，后来租下店铺专卖笔墨纸张。适逢回老家省亲，发现邯郸的药材价格比碛口便宜很多，于是购入家乡药材转卖于碛口。秉承“勤俭，公平，信义”的家训，成为古镇信誉极佳的商铺之一（图3–21）。

清嘉庆年间，韩氏的三个儿子已长大成人，便从老家接来，做店内的小伙计。韩氏想要儿子们体会到经营之艰辛，对他们要求严格，日常衣食劳作与店内伙计一样，不予特权。经过几年磨炼，三个儿子都有所领悟。于是，他提出分家，请来商界著名的太谷“广升远”、祁县“永春源”、平遥“道生明”三家老板，给儿子们讲述各自艰苦创业的经历

图3–21 兴胜韩鸟瞰

和生意经。在贵客的建议下，给了长子50两白银作为本金，在东市新开药店，牌匾仍用“兴盛韩”；二儿子分得老店铺，也给了50两白银作为本金，牌匾换了一个谐音字为“兴胜韩”；三儿子老店面和老牌匾都没分到，父亲给他三个元宝，在西市另开药店，名为“新盛韩”。三家药店相互扶持，生意兴隆。

20世纪三四十年代，碛口商会有个规定，凡资产达到一定数额，可按资本的5%~10%来印制发行票子。当时兴隆的东市“兴盛韩”也印有票子，客户可事先存购，届时打折买药。

文中重点介绍的院落是清嘉庆年间分家之后，二儿子继承的老店铺“兴胜韩”。院落坐东朝西，毗邻长兴店、永顺店。相比于碛口其他大院，兴胜韩显得尤为小巧（图

图3–22 兴胜韩临街门面

3-22）。同多数位于中市街的商铺一样，为防洪水侵蚀而砌筑了高圪台。迎街的倒座为一层三开间双坡硬山顶瓦房，面宽16米，进深5.4米。中间一间装有具有鲜明南方特征的活动屏门，屏门白天打开，店家货物尽收行人眼底，晚上关闭，亦可防盗。在碛口，售卖贵重货物的店面往往砌筑柜台，柜台上再安装一道屏门。因药材贵重，兴胜韩内也有砌筑柜台和柜台屏门的门框，并完好保留。而两侧两间，筑窗台、安窗棂，用途为柜房或住人。房间墙壁上还保存着旧时的壁龛，北侧一间内筑有炕，另一间土炕已拆除，只在墙壁上留下烟道口（图3-23～图3-26）。

图3-23 兴胜韩剖透视

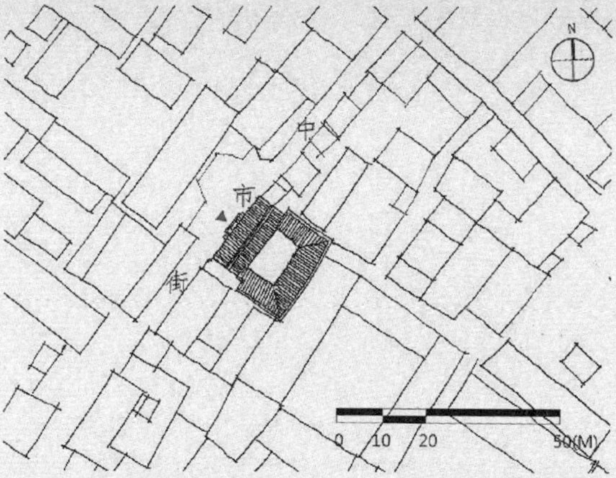

图3-24 兴胜韩总平面图

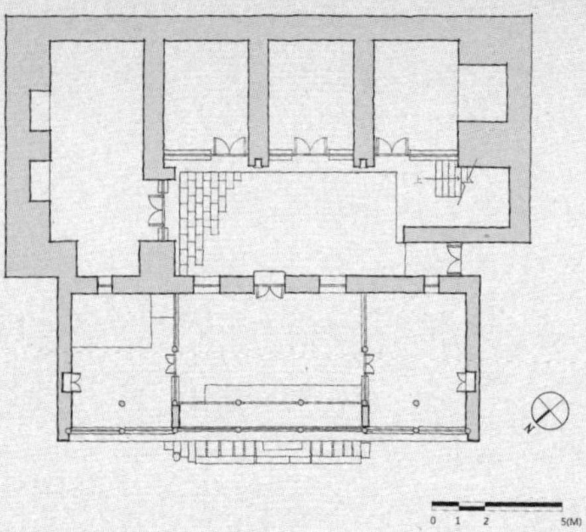

图3-25 兴胜韩首层平面图

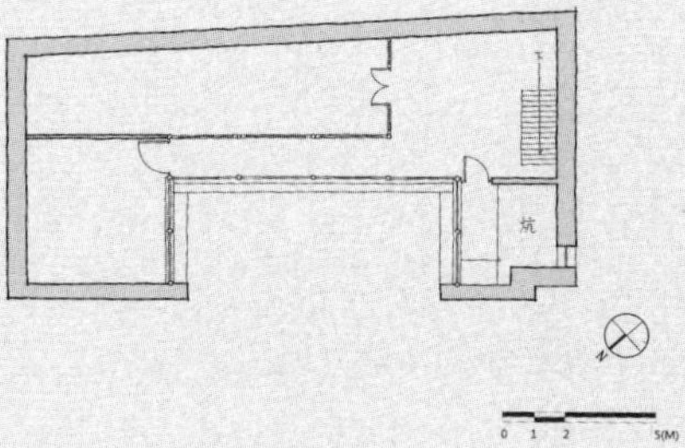

图3-26 兴胜韩二层平面图

倒座背后留有一小门通往内院。正房及耳房均为两层，底层砖窑，二层为单坡硬山顶瓦房。正窑为3口，北侧耳房有1口，南侧有楼梯及通往外部的院门。正房墙壁上有两个神龛，据兴盛韩七世孙韩兴福老人介绍，韩家供奉的是关公和行业神药王爷。

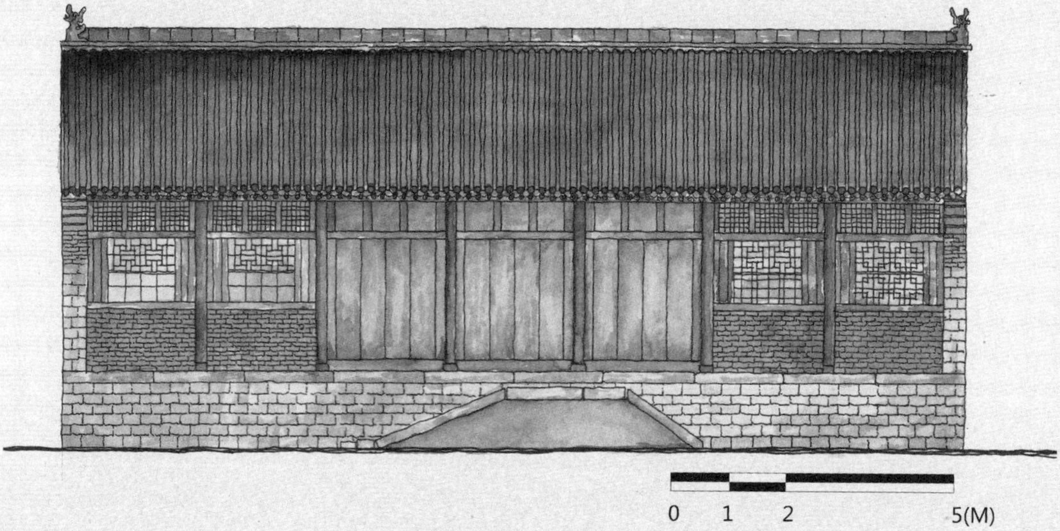

图3-27 兴胜韩沿街立面图

图3–28 兴胜韩院落

正房二层，有一道内廊，南侧耳房筑有一小炕，供人居住。兴胜韩当年生意兴隆，商客满门，为了招揽生意，二楼曾为客室，用来款待客人。现兴胜韩无人居住，院落保存较为完整（图3–27～图3–33）。

图3–29 兴胜韩正房窑脸

图3–30 兴胜韩窑脸一

图3–31 兴胜韩窑脸二

图3–32 兴胜韩倒座壁龛

图3–33 兴胜韩神龛

四、世恒昌

世恒昌院落紧邻黑龙庙，站在其二层院落可以俯瞰古镇，遥看气势恢宏的黑龙庙一角，眺望蓬勃壮丽的黄河落日（图3–34）。

世恒昌是清末民国时期的一家票号。当年昌字号钱帖子在西安等地可以当银元流通，在天津、汉口、汕头等地设有分号。现为住宅，整个院落分为5户人家，以老人和孩子为主。世恒昌坐东南朝西北，建筑的院落占地总面积约1800平方米，总建筑面积约1100平方米。分上下两层，依山势成阶梯状，下层屋顶可作为上层的院落（图3–35～图3–41）。

世恒昌为三合院，首层院落狭长，院内有两棵树，二层院落呈方形。根据当地居民描述，北侧曾有观景亭，用于赏景，还可监督一层工人。目前可辨识亭子的台基。世恒昌一

图3–34 世恒昌鸟瞰

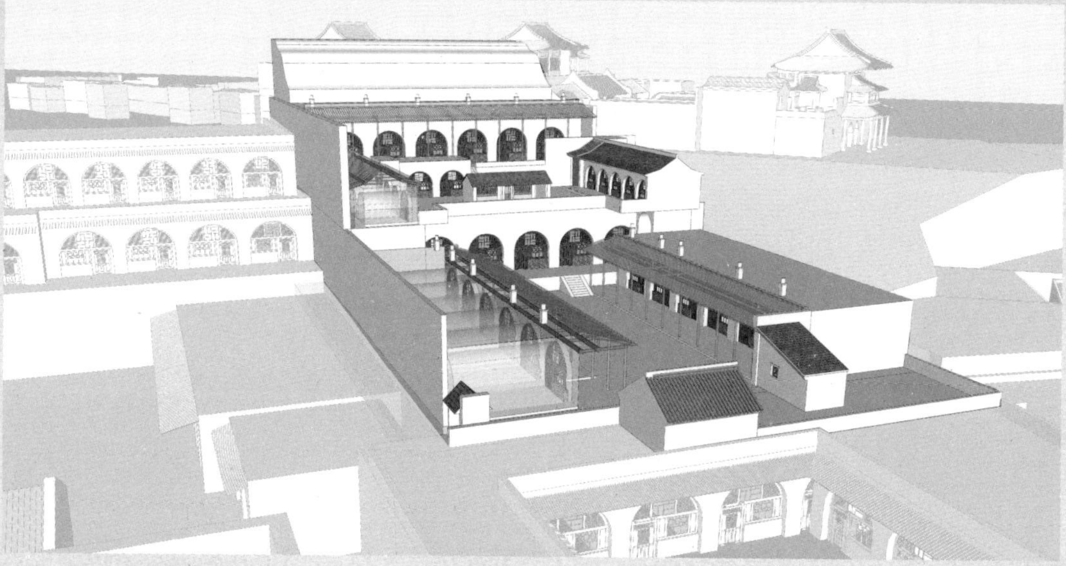

图3-35 世恒昌复原模型图一

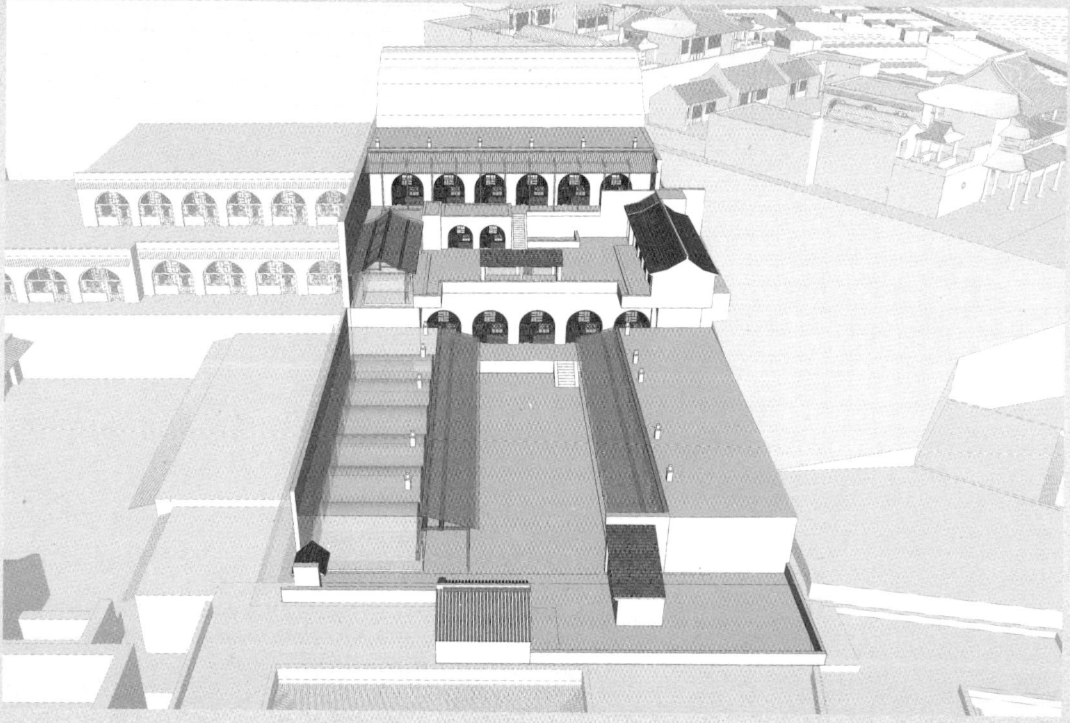

图3-36 世恒昌复原模型图二

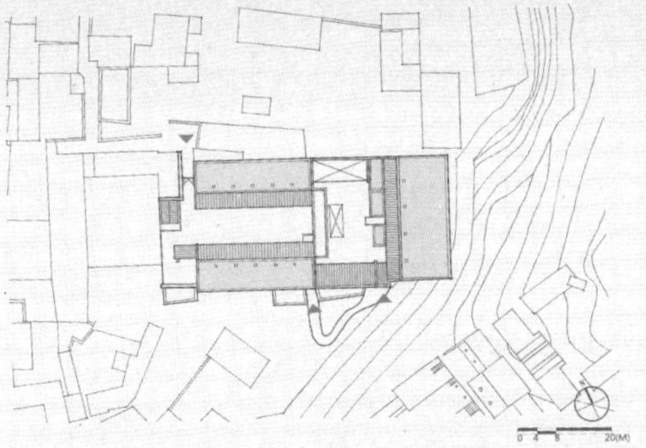

图3-37 世恒昌总平面图

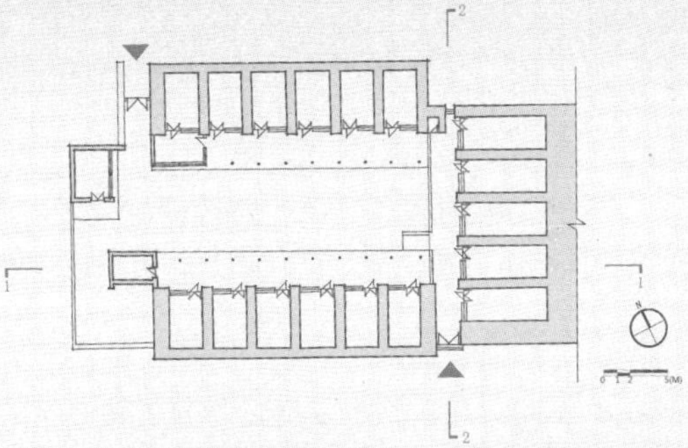

图3-38 世恒昌首层平面图

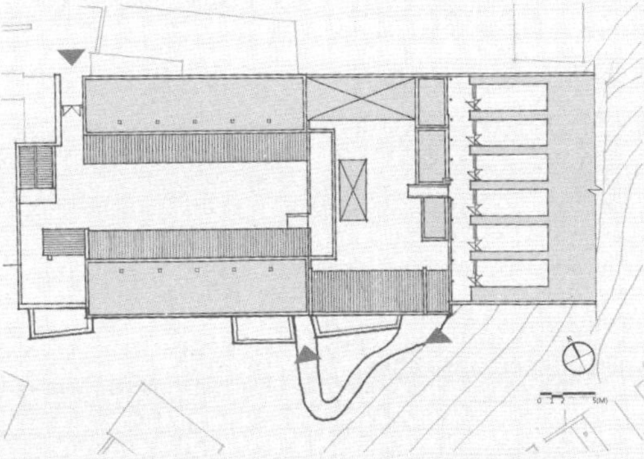

图3-39 世恒昌二层复原平面图

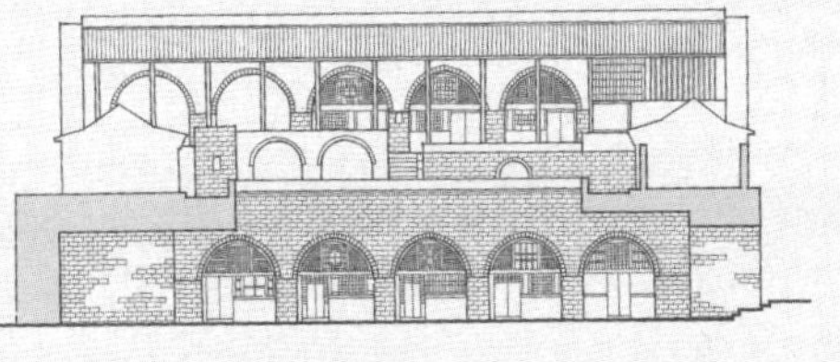

图3-41 世恒昌2-2剖立面

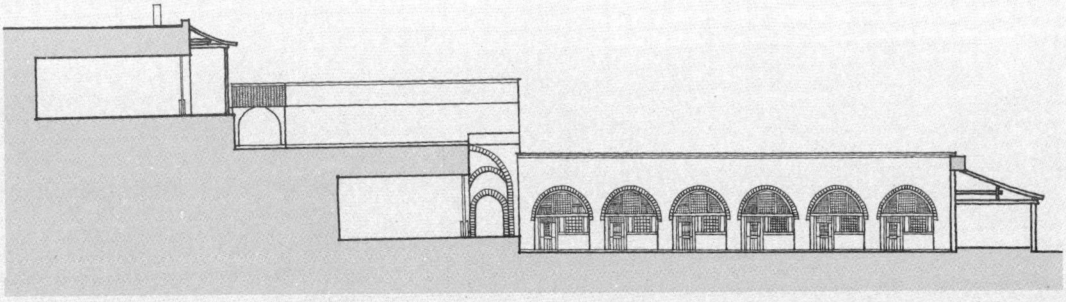

图3-40 世恒昌1-1剖立面

层、二层院落大小不同，使得空间感受更加丰富。

世恒昌有着较完整的轴线。除附属用房外，主要用房基本对称。虽然碛口民居多经济适用，但是世恒昌这类大院仍选择对称的布局方式。说明在经济富足的条件下，在满足实用性的基础上，仍然追求秩序性很强的对称布局模式。

主入口在整个院落的东北角，大门损坏严重，残存约0.4米高的门槛。入口右侧为一附属用房，现为储藏间。入口处通过小块空地组织四周的流线，可以去往附属房区、左右厢房和正房。

首层正房为靠山石窑，共5口窑洞，开间为3.2米，进深为8.3米，高度为5.3米，窑脸高度为3.6米，无柱无檐，有高圪台。保存状况一般，西侧窑洞已出现坍塌，不能住人。东西厢房为箍窑，每侧厢房为6口窑洞，开间为3.2米，进深为5.2米，高度为5.6米，窑脸高度为3.7米。首层东厢房明柱厦檐损坏严重，西厢房已完全坍塌，仅残留部分墙体的痕迹。明柱厦檐毁坏后使整个院落的空间感受发生变化。

二层正房为靠山窑，共6口窑洞，无主次之分，开间为3.15米，进深为8.4米，高度为5.2米，窑脸高度为3.5米，明柱厦檐。东西厢房为木结构砖瓦房，现损坏严重。老乡口述称，西厢房是与东侧完全对称的，但根据访谈现有住户，推断西厢房与东侧并非完全对称，开间比东厢房要少（图3−42～图3−49）。

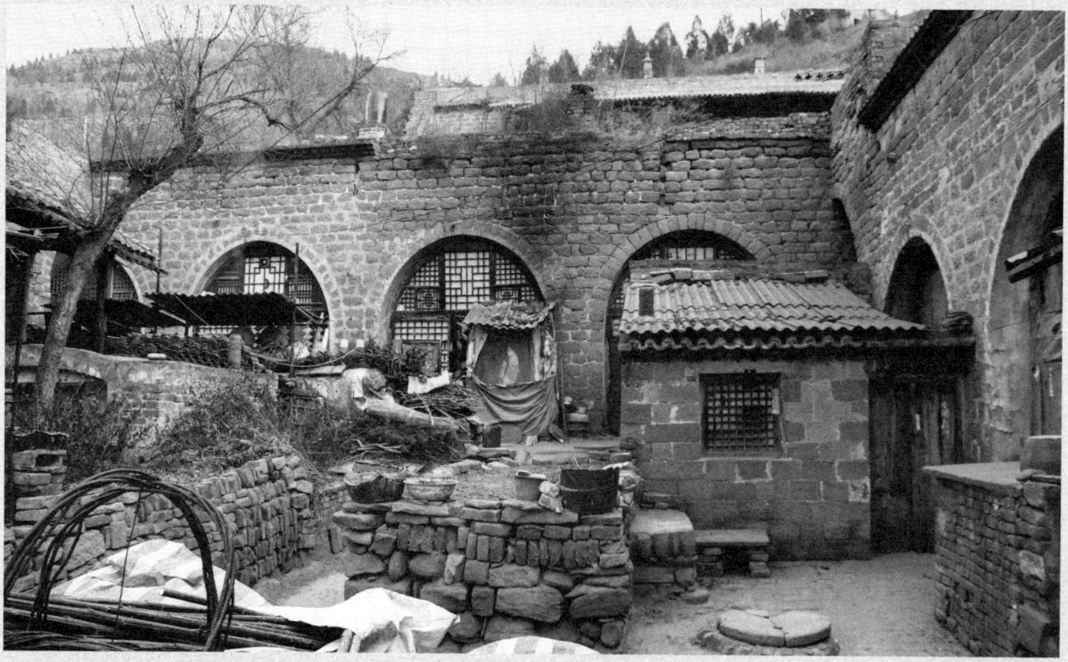

图3−42 世恒昌首层正房

图3–43 世恒昌窑脸

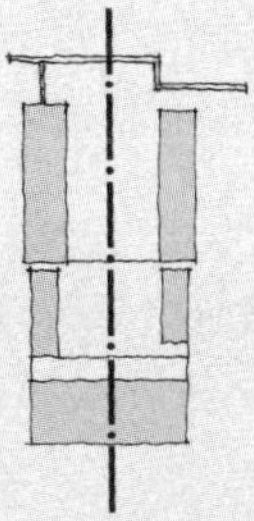

图3–44 世恒昌院落轴线分析

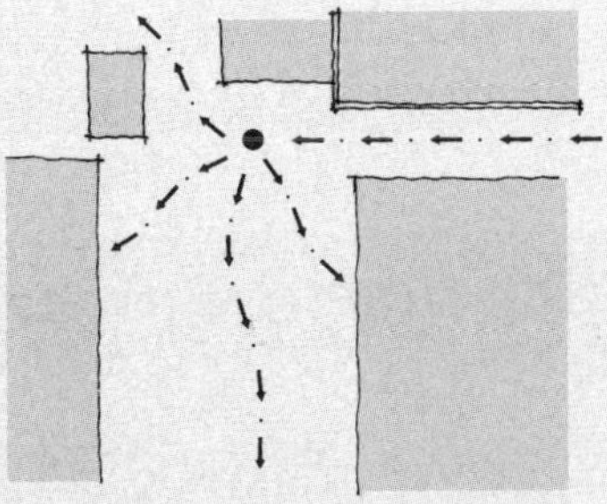

图3–45 世恒昌院落入口分析

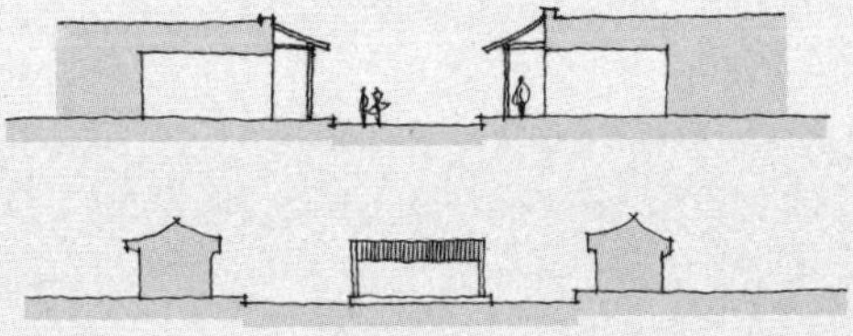

图3–46 世恒昌一二层院落空间对比分析

图3–47 世恒昌首层院落

图3–48 世恒昌二层照片

图3-49 世恒昌二层修复后窑面照片

五、祥记烟草

祥记烟草位于中市街中部，北靠原碛口中学[1]，南临天成店，东面临街，与长兴店隔街相望。院落呈长条形、四面围合，占地约700平方米（图3-50）。

祥记烟草的东家是民国时期的财政部长孔祥熙。碛口的这家店铺为分公司，建于民国14年（1925年）。据民间传说，刚开始碛口的人们不懂洋烟，怕因吸烟而染上鸦片，所以店铺经营不顺。后来烟草铺子开始免费给过往的人们发放香烟，抽过的人发现并不会染上毒瘾，从此祥记的烟草生意越做越好。

如今祥记烟草是一家民宿，为来碛口古镇旅游、写生的游客们提供落脚地。院子东面

1 碛口中学现已经拆除。

图3-50 祥记烟草鸟瞰

沿街保留完好，北侧砖房已被拆除。从卧虎山俯瞰祥记烟草，可以看到店铺位于中市街黄河之间，是一组较大的院落群。店面整体朝向街道，二层有两个相互分离的砖房。院子长约18米，宽约5米，只有临街建筑是二层，其余的都是单层建筑。祥记烟草有两个入口，一个是面临中市街的店铺，另一个在院落的南侧通向半月巷（图3-51～图3-54）。

祥记烟草中市街的店铺立于近乎1米的高台上，为3口窑洞外接厦檐，3口窑洞进深较深，所以被木门分为前后两截。窑洞北侧外加了一口进深仅有一半的窑洞。在立面上形成较为对称的形态。店铺门面上的门窗分隔精致，装饰有图案缤纷的窗花。

沿街窑洞用砖砌筑，朝向院落挑出约3米的明柱厦檐，正对厦檐的3口砖窑挑出约2米的厦檐。两厢房被出入口分为两部分，出入口南侧为一个挑出厦檐的单层砖房，西侧为两层建筑，一层为两口石窑，二层为砖房，出入口北侧被毁坏了。现场调研能看出右侧是单坡向院子的单层建筑，形成四水归堂的格局（图3-55、图3-56）。

据访谈，黄河边曾经也有祥记烟草辖属的房子，如今只剩下残垣断壁，开窗、横梁的痕迹依稀可见，残破的墙壁中透露出碛口常见的砌墙“点灰”[1] 做法。

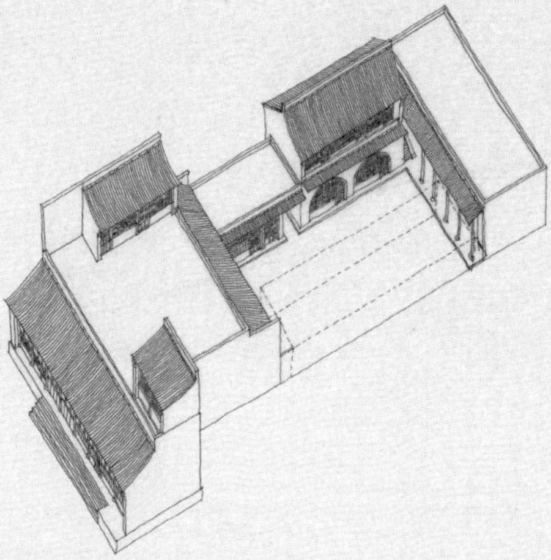

图3—51 祥记烟草轴测图

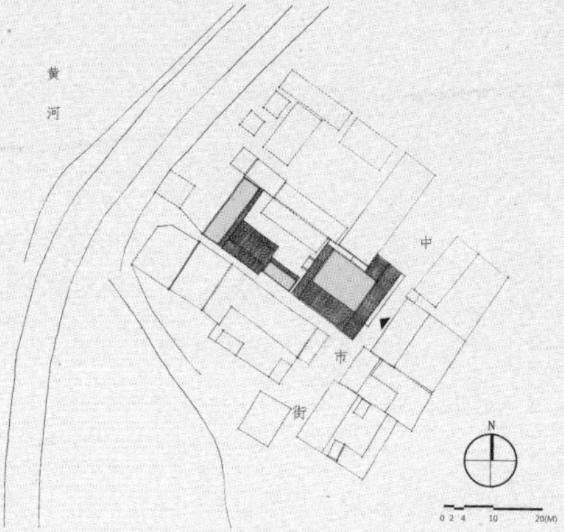

图3—52 祥记烟草总平面图

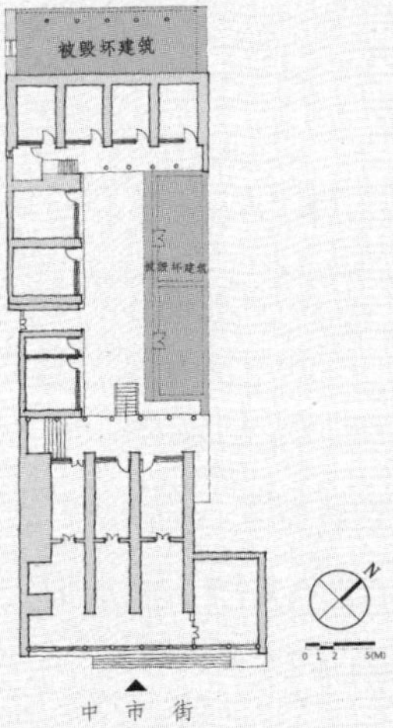

图3—53 祥记烟草平面图

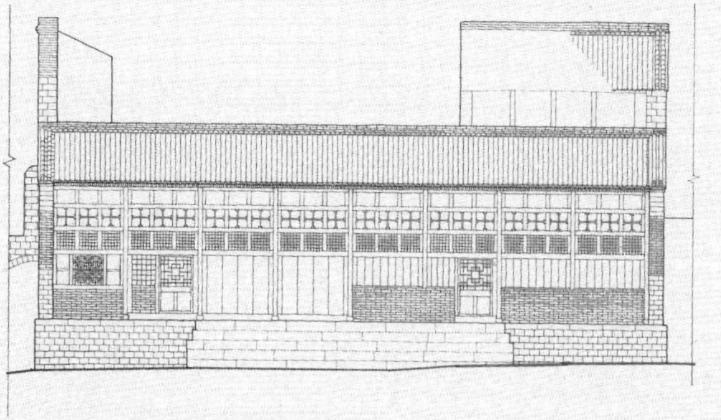

图3—54 祥记烟草沿街立面图

1　点灰做法：砌砖墙时，出于节省原料的考虑，一般在两砖相接面均匀点上两处石灰，再在露在外侧的砖缝用白灰勾缝。

图3—55 祥记烟草沿街拼合立面

图3—56 祥记烟草院落

六、大德通钱庄

大德通钱庄位于中市街的南面，靠近和东市街的交汇处，相邻义记美孚和长兴店，对面是新华书店旧址。早在清光绪初年，祁县乔家的生意就拓展到了碛口，当时乔家在碛口有粮油店和世恒昌皮毛店。在一次贸易活动中，由于现金不足吃了亏，掌柜和乔东家商量后都觉得需要在碛口开一家票号，于是大德通分号诞生了。民国初年，碛口各家票号相继衰落。大德通倒闭后，被一户有钱财主买下，为防止水患，曾整体将地基抬高整修。新中国成立之后曾经当过小食堂和粮油仓库，现在有一户人家。

大德通院落也属于典型的前店后院，店面部分是一个4开间的砖房，院子内总共有3孔窑洞，面宽在3米左右，有一孔只露出一半，有两个楼梯通往二层，二层曾经有砖房，可惜在困难时期，砖木被拆掉卖钱了。模型中二层建筑为根据当地老人访谈后复原（图3–57～图3–60）。

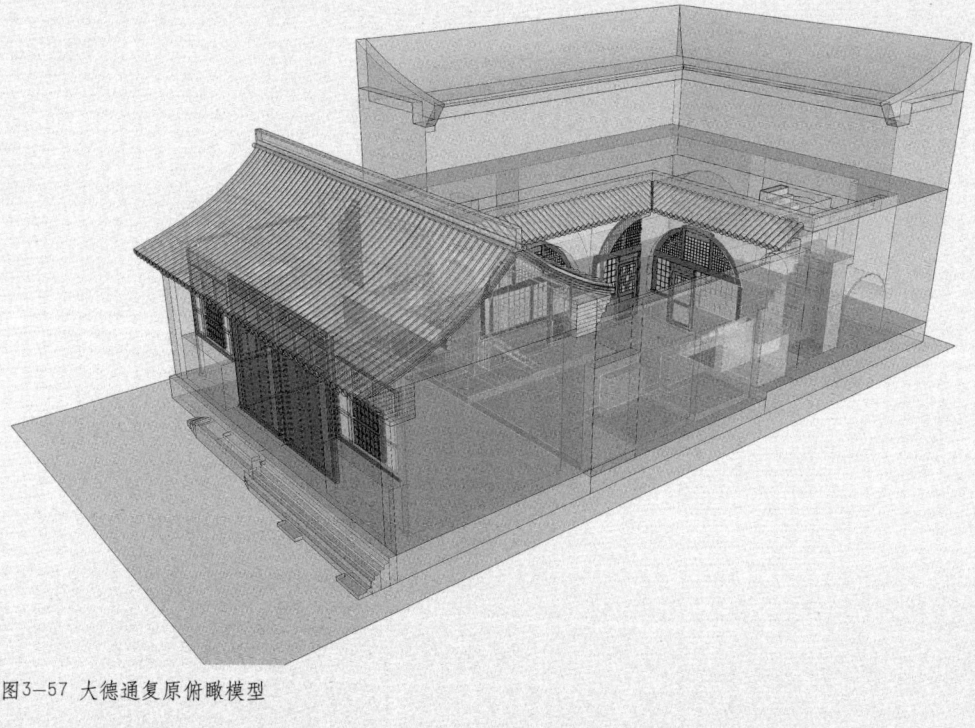

图3–57 大德通复原俯瞰模型

图3-58 大德通复原模型剖透视图示

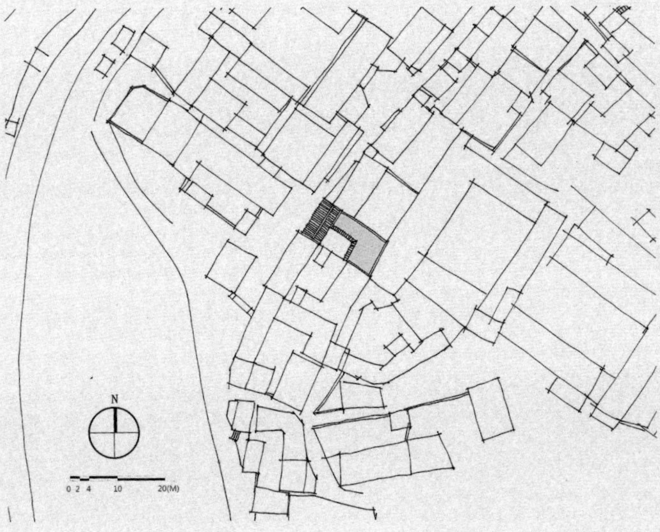

图3-59 大德通总平面图

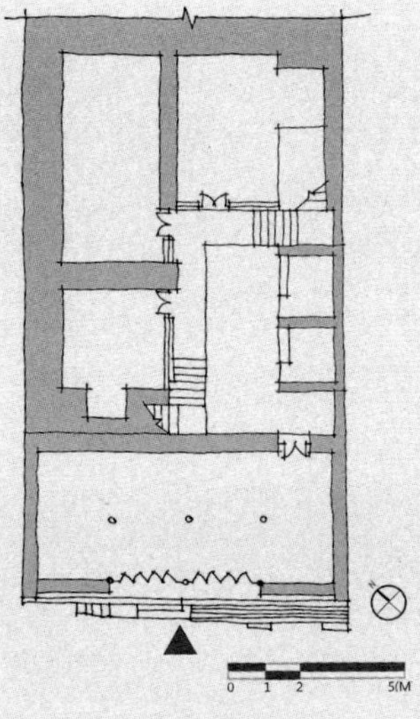

图3-60 大德通平面图

大德通前面的店铺高出街面约0.8米，店铺后面是狭长的内院空间，宽度大约3米，长度约6米，加上出挑约1米的无根厦檐，采光不佳，整体内部空间显得局促而压抑（图3-61～图3-65）。

院落平面简洁明了，结构紧凑，一层南面两个小房间是厨房和储物间，原先通往院内的门在南面，后来为了方便，移动到了中间。门安放在南面，是出于不与窑洞正对的考虑。通往二层的楼梯紧贴着窑洞的窗台，院内供人活动的场地宽度仅有不到2米。在朝南的两口窑洞之间有一孔神龛，朝西面向店铺的窑洞墙上设有一个石敢当。

图3-61大德通店面

图3-62 大德通内院

图3-63 大德通神龛细节

图3-64 大德通石敢当

图3-65 大德通无根厦檐

七、义记美孚和洋火店

义记美孚和洋火店虽是两个店铺，却共用一个院子。院子位于卧虎山西南侧，距山脚约110米，离黄河大概100米，典型的前店后院建筑。该建筑位于中市街南端，北面是大德通钱庄，东侧是恒久店（图3-66）。

义记美孚于1928年开设，是孔祥熙的“祥孚公司”在碛口的煤油分公司。据传，公

图3–66 义记美孚和洋火店鸟瞰图

司刚来到碛口便给每家大商号赠送了一盏“洋灯”，大家用得习惯之后觉得比麻油灯亮得多，而且便宜，于是开始使用起来。洋火店在民国时期曾是火柴专卖店，而碛口人将火柴称为“洋火”，因为价格较贵，一般贫民买不起。1935年该店失火，因而倒闭。

如今在这个院子里住着三户人家。两个店铺各住一家人，洋火店如今经营工艺品制作，义记美孚现经营电焊生意。院子的窑洞也还居住着一家外来租户（图3–67～图3–70）。

义记美孚和洋火店店铺面朝中市街，坐东朝西。院落整体沿中轴线对称。临街面为一栋四开间的砖房，平均分给两个店铺，北侧为洋火店，南侧为义记美孚。另南面各有半间砖房与店铺相连。

院落中还有3口朝向西侧的石窑，现已塌毁1口，剩下2口能使用。南侧转角处也有1口石窑。据住家回忆，窑洞地坪原本和塌毁窑洞的高度一致，从院子里需要下沉近1米进到室内。

图3-67 义记美孚和洋火店轴侧图

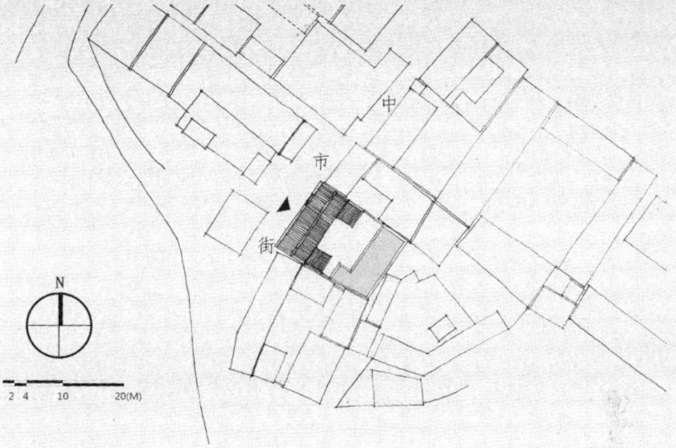

图3-68 义记美孚与洋火店总平面图

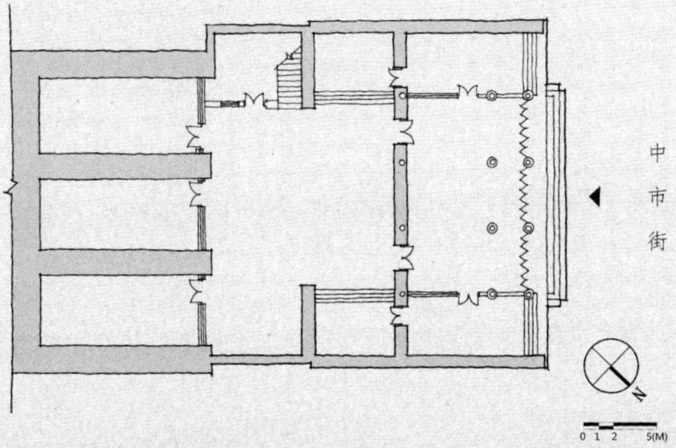

图3-69 义记美孚和洋火店平面图

后因黄河大水、窑洞受潮等原因，如今已将室内地坪提升到略高于院落地坪。据了解原有店铺的砖房与石窑相连，北侧留有与大德通钱庄相连的门，南侧为通向石窑二层的楼梯。石窑二层原有砖房，但现已不在。

因院子损毁过大，仅能通过

图3-70 义记美孚和洋火店立面图

图3–71 义记美孚和洋火店店面入口

建筑残留的痕迹进行判断，生成复原图。沿街店铺修复较好，五开间砖房，形成U字形平面。门窗和结构较为完整。转角砖房为两开间，窗棂分明。院落主体窑洞前原有的明柱厦檐，却只留下台基和石墙上横梁的痕迹。南侧窑洞较主体窑洞低约1米，北侧原有窑洞也已缺失（图3–71～图3–74）。

图3–72 义记美孚与洋火店立面

图3–73义记美孚与洋火店石窑

图3–74 义记美孚与洋火店缺失的窑洞

【第四章】

驼铃骡马，东市窑台

TUOLINGLUOMA DONGSHIYAOTAI

东市区位于湫水河沿岸，东西长400米左右。由于湫水河水流湍急，不能走船，因此没有航运，这里成为水路转旱路的起点，所以东市街两侧店铺多为骡马店，全镇最大的七家骆驼骡马店并肩排列在东市街北侧，如福顺德骡马店、三星店、义和店等。还有一些供人饮食休憩的饼则店和其他辅助性服务商铺，如镶牙店、便利店等。

东市街曾因黄河洪水泛滥而被冲毁，现有建筑大多为近年来翻修重建，因此本章只选择最具代表性的广泰当局和骡马店两个建筑进行介绍（图4–1～图4–3）。

一、广泰当局

广泰当局位于卧虎山西侧山脚上，处于湫水河汇入黄河形成的三角洲上，距湫水河600余米。由于卧虎山向着河岸突出，将古镇分隔成北和南两部分，故而广泰当局处于古镇中间位置。它位于当铺巷的西端，古镇的文化中心——黑龙庙就处于其东侧半山腰上。广泰当局三层院落占地约1100平方米（图4–4）。

当地老人回忆："在通往黑龙庙的当铺巷，上有商会住址，也有广泰当局，还有分金炉（铸元宝、银锭），下边是碛口镇的更房。"为便于叙述，这里将商会、广泰当局以及更房三者合一进行介绍。现二层的当铺院虽然也有住户，但作为景点面向游客开放。此外，根据民间传说[1]，这个位于黑龙庙下方的大院，由西湾村陈三锡修建于清乾隆年间。陈家几代都开设"当铺"，生意一直很兴隆。

广泰当局院落群是一个三层院落组合，但三个院落并不全是当局所属：只有二层为广泰当局，一层是旧时镇上的更房，三层是民国时期商会旧址（图4–5～图4–10）。

一层院子和二层前院之间通过院子右侧的楼梯直接连接，立面呈阶梯状，但二层当铺巷也有两个入口分别进入二层的前后院。三层与二层之间的楼梯位于院子左侧的窑洞后，通过楼梯到达三层院子右侧的窑洞。当铺巷三层入口便在窑洞后。

广泰当局一层的更房6口窑洞居中，两侧各有两口窑洞朝向院子（但右侧的窑洞已毁）。窑洞外侧为无根厦檐。二层当铺院分为前后两个院子。前院左侧是当铺巷的入口，为一单层砖房，右侧是与一层院子连接的楼梯。居中有6口窑洞，窑洞之间通过门洞相连。

1　王洪廷．碛口志．山西经济出版社，2005．

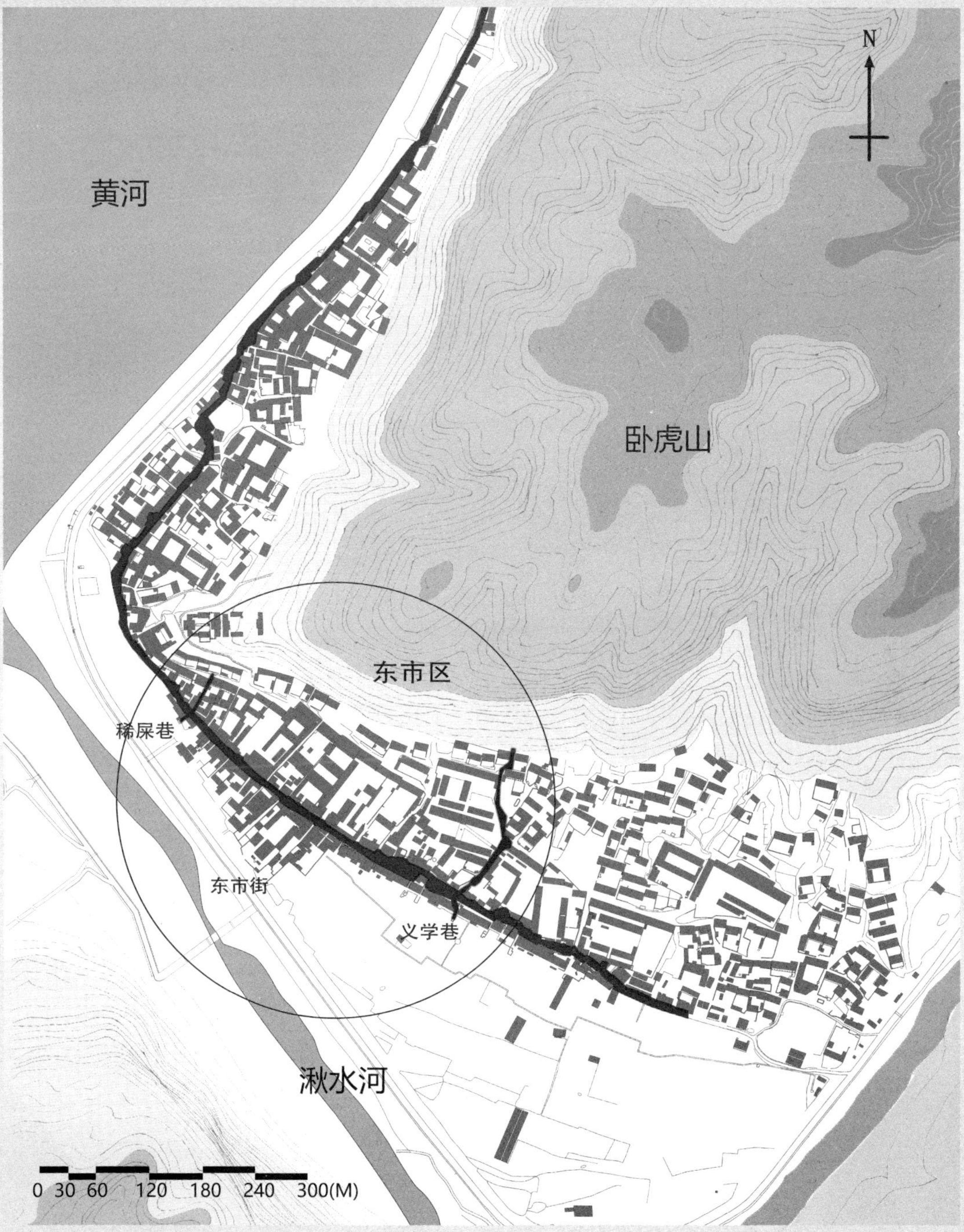

图4—1 东市区位置图示

图4-2 东市街鸟瞰

图4-3 东市街院落分布图

图4-4 广泰当局院落群鸟瞰

后院大门处于院子左侧居中的位置。院子沿东西向形成轴线。院子东侧正房有6口石窑。西侧倒座房有7口砖窑。南侧一口窑洞连着一间砖房，砖房与西侧窑洞交接处另有一扇门通往院外。北侧有一口窑洞和入口大门，窑洞后是通向三层的楼梯。全院13口窑洞，窑脸不尽相同。院内窑洞前都设有明柱厦檐，排布整齐、秩序井然。

三层院子平面布局和一层相似。居中有6口窑洞，但6口窑洞采用接口砖房的形式形成4间房。两侧各一口窑洞形成独立房间，中间4口窑洞，两两分配形成两间房。院子两侧各是一间砖房，左侧砖房与入口大门并设。

广泰当局处于当铺巷由卧虎山山脚向半山腰的黑龙庙方向，依山势沿东西方向分层建造，建筑群立面呈阶梯状。正房由一层的石窑到三层的接口砖窑过渡，建筑群共有四个院子。院落左右两侧各有砖房或是窑洞作为偏房（图4-11～图4-14）。

院内屋顶皆采用硬山顶，上铺板瓦，屋顶两侧设筒瓦。现仅有二层院落屋顶保留原样。因功能特殊，当铺院设计与众不同。在四合院四周屋檐凌空拉起铁丝网，铁丝网上穿

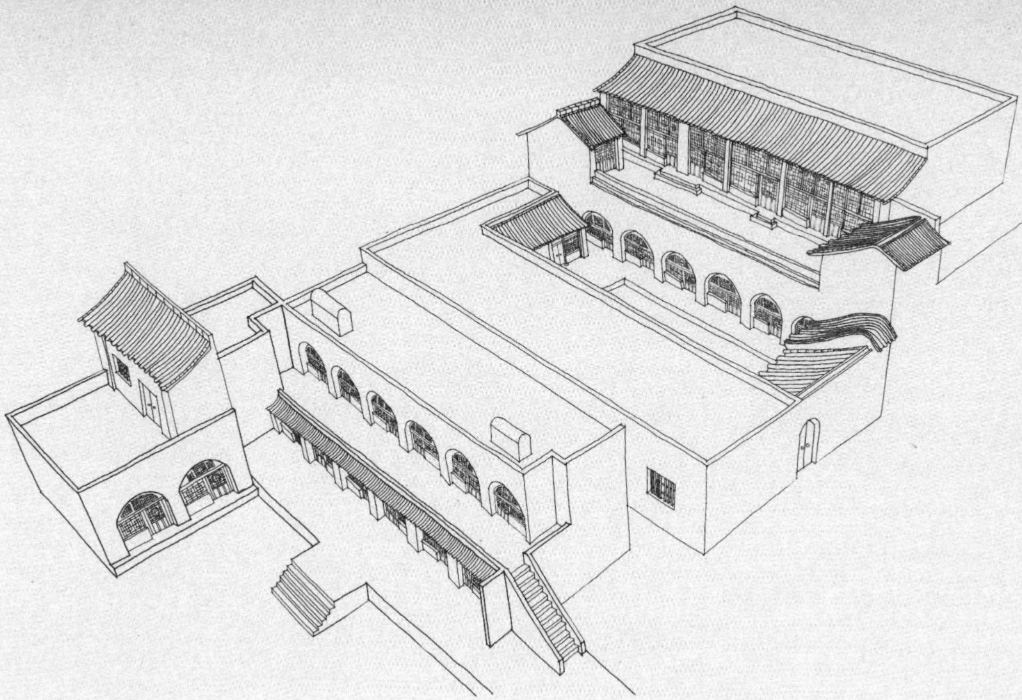

图4-5 广泰当局轴测图

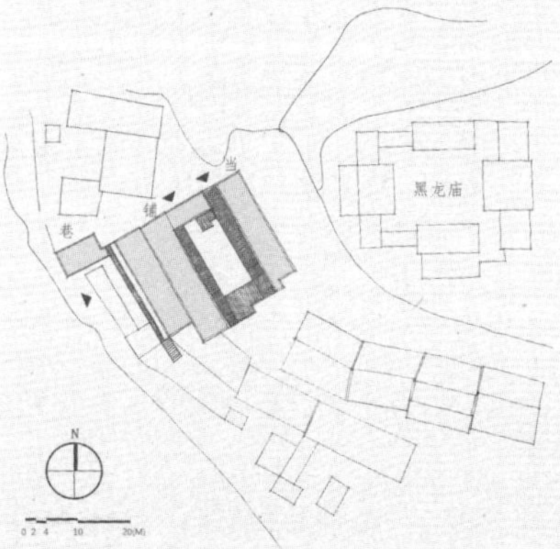

图4-6 广泰当局总平面图

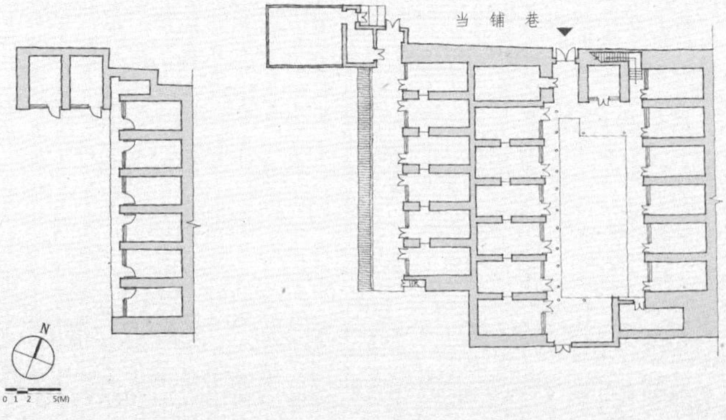

图4-7 广泰当局一、二层平面图

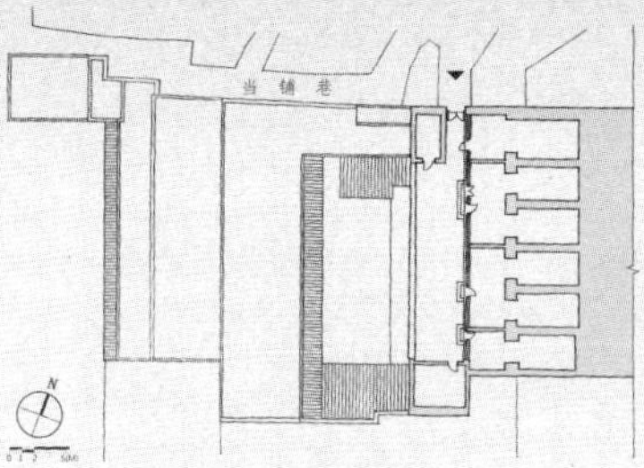

图4–8 广泰当局三层平面图

图4–9 广泰当局院落西立面图

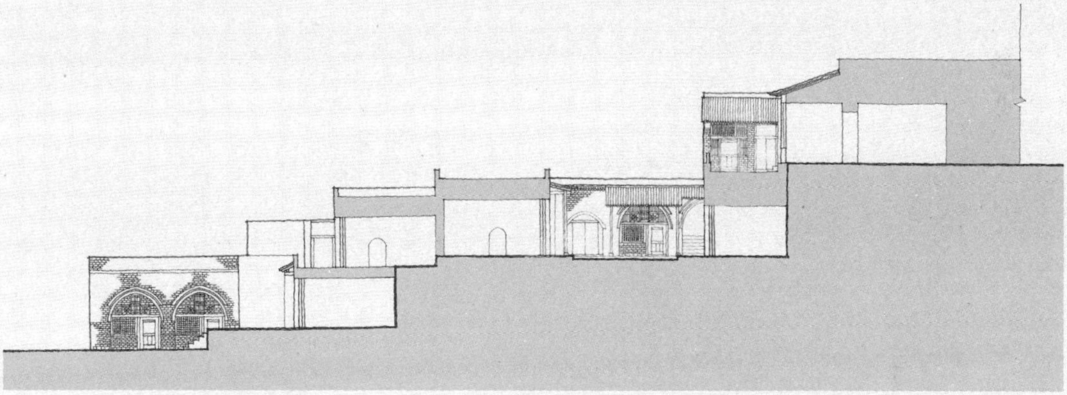

图4–10 广泰当局院落东西剖面图

图4–11 广泰当局二层院落

图4—12 广泰当局二层正房窑洞

图4—13 广泰当局二层窑洞

图4–14 广泰当局突出的两口窑洞

系着铜铃。若是有盗贼翻墙进院，铃声报警，盗贼则被擒。当地人也称这种防盗措施为“摇摇铃”。院子大门内设置活动的陷阱踏板，白天木板拴住固定，晚上打开插销，一旦盗贼撬门入内，便会掉入陷阱中。

二、骡马店

碛口为水旱转运码头，水路主要依托黄金水道黄河上游航运，而陆路则由三条[1]通往外地的陆路运输交通要道支撑。吕梁山山地较多，气候干旱，由碛口通向中原腹地的路线多

1 一条是途经侯台镇、樊家沟，翻过吴老婆山，路过离石、吴城，再翻过薛公岭到晋中平川；另一条是顺湫水河北上，过三交，到临县，上百文翻过紫金山到达兴县、岚县等地；还有一条是从碛口沿黄河南下，到孟门镇，再翻山到柳林、石楼、永和、大宁、吉县等地。

图4-15 老照片中的驼队

半穿山越岭，路途遥远。骆驼比较驯顺、易骑乘，颇能忍饥耐渴，适用于远途载重运输。在沙漠、戈壁、山地等恶劣的路况下运送物资，在使用其他交通工具均是举步维艰时，骆驼依然行走自如。长途运输主要依靠骆驼，而骡马仅作为补充运输力，多用于短途运输（图4-15）。

一峰骆驼的驮重约300斤，行程每天可达30～35千米，一天约走一站[1]路。沿路村落都设有站口，即提供驼工食宿、骆驼卸货休息的地方。山村里的骆驼店人称柴草店，条件简陋，只是修有几口窑洞和一盘土炕，驼工多自带铺盖；而骆驼槽更为简单，只是在院子里支拦几根木棍而已。而碛口作为一个货物转运集散中心，开设了骆驼店，畜养骆驼，条件要好得多。

骡马店多集中于东市。当时最著名的骆驼店是“天星店”，以草料充足、服务周到、安全可靠而备受好评。当地顺口溜：“住店要住天星店，伙计们殷勤吃喝贱，货物堆下多半院，丢不了你的一针线。”由于东市区破坏严重，天星店现已面目全非。唯一得到修缮、格局较为完整的骡马店仅有福顺德骡马店（图4-16）。

福顺德骡马店是由白家山村白淑珉及祖上于清中期创立，是古镇最大的商号之一，也是碛口现存规模最大的骡马店。院落坐落于东市街北部，后门有巷可直达黑龙庙。作为货物过载店，福顺德骡马店需要提供骡马休息的地方，同时也供应大量的客房，因此房间较多且院落宽敞。其占地面积约5400平方米，建筑面积约2400平方米，现存窑洞42口，厢房56间，马棚10间，门店12间，规模宏大，不禁让人遥想想当年骆驼、骡马络绎不绝，住客满盈的盛况。

修复过的骡马店平面布局极像一个“福”字，三个宽敞的院落比肩相连，院院相通。翻修后西院为长方形合院，正房一层为明柱厦檐窑洞5口，二层双坡硬山顶瓦房7间，檐口出挑用明柱支撑，作为外廊。两侧厢房一层，东侧部分厢房作为马厩。东院为两进合院，前院院落，靠近东市街，临街修有12间明房暗窑，作为店铺，可做生意；院内主要是骆驼骡马停靠休息的地方，院子两侧厢房修成马棚；正房为明柱厦檐窑洞7口，中间一口为大

1　30公里到35公里为一站，而超过40公里就称为大站。

图4-16 福顺德骡马店鸟瞰

门，可进入后院。后院主要为客房，院落方正，相比另外两院较为小巧，一层为明柱厦檐窑洞式四合院，二层正房窑洞7口，两侧有硬山顶瓦房。现修葺后，西厢房前有亭可迂回通往东院正房二层。

根据既有测绘资料及《碛口志》记载仅能还原骡马店东院旧貌。不同于当下的二进院，原骡马院东院为三进，典型的前店后院格局，临街为14间砖木结构瓦房，正中一间做为大门。一进院院落小巧，扁长；二进院最大，主要为骡马休息、货物卸存之地，正房为明柱厦檐窑洞7口，中间1口为大门，可进入后院；两侧及中间庭院中都修有骡马棚，地面

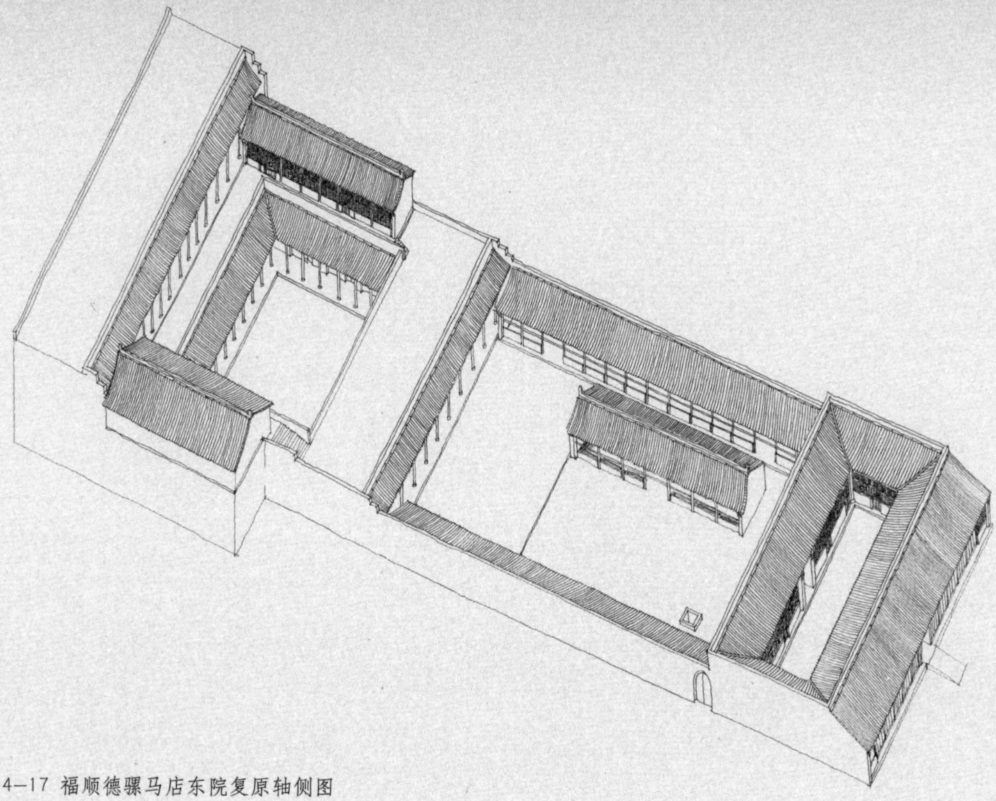

图4—17 福顺德骡马店东院复原轴侧图

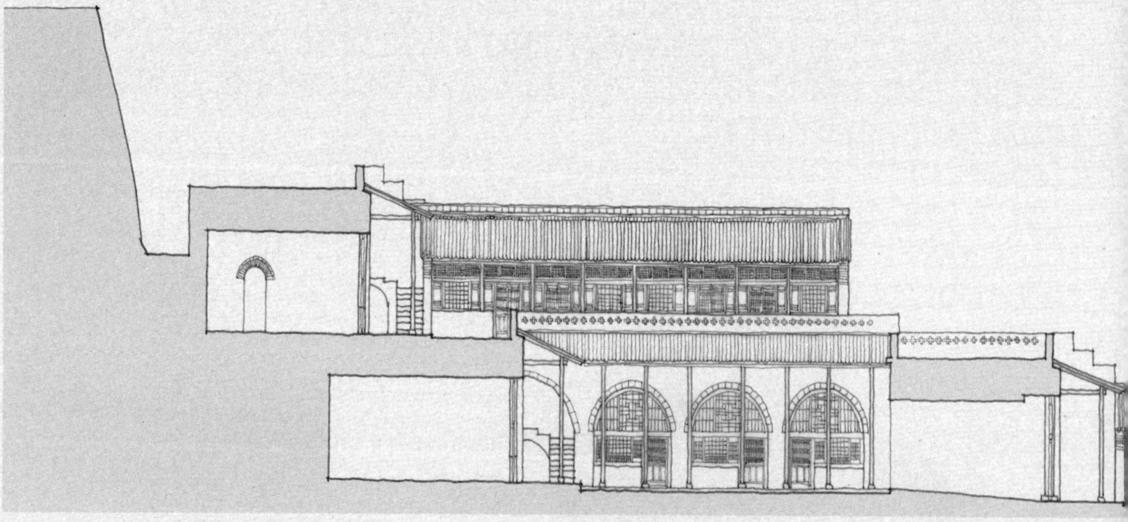

图4—18 福顺德骡马店改造前东院剖面

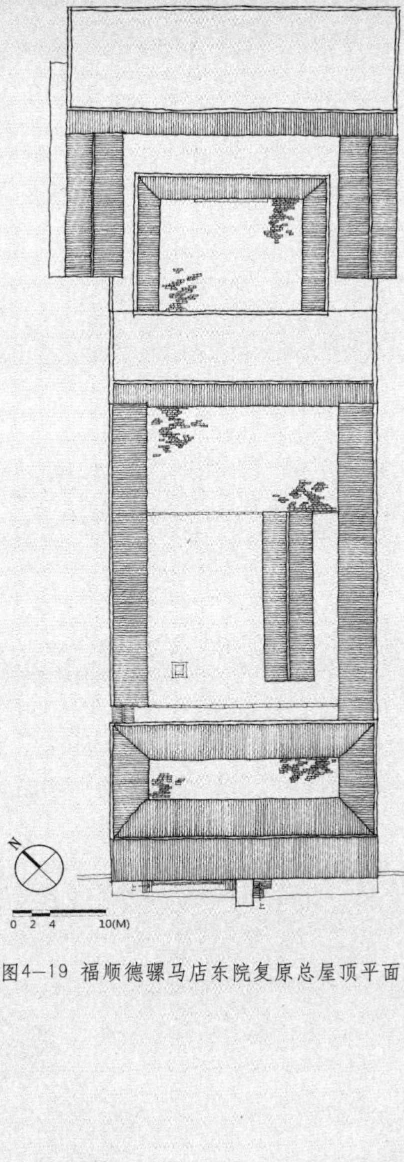

图4-19 福顺德骡马店东院复原总屋顶平面图

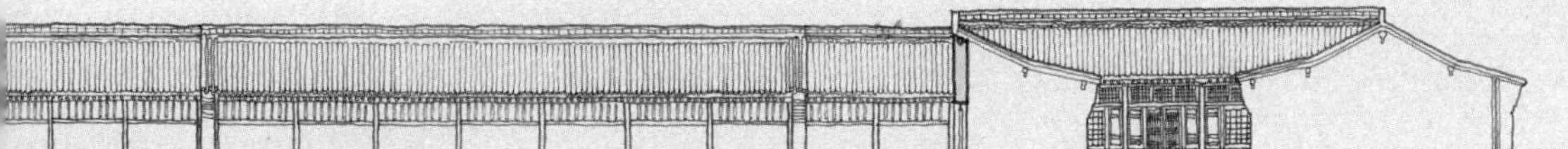

一分为二，靠近三进院处铺砖，而另一半则铺以砂土，这是为了骆驼卧下舒适，不着凉；为方便喂养骡马骆驼，院中修有1口水井。后院主要为客房，院落方正，相比另外两院较为小巧精致，一层为明柱厦檐窑洞式四合院，二层正房窑洞7口，二层两侧厢房有硬山顶瓦房（图4–17～图4–20）。

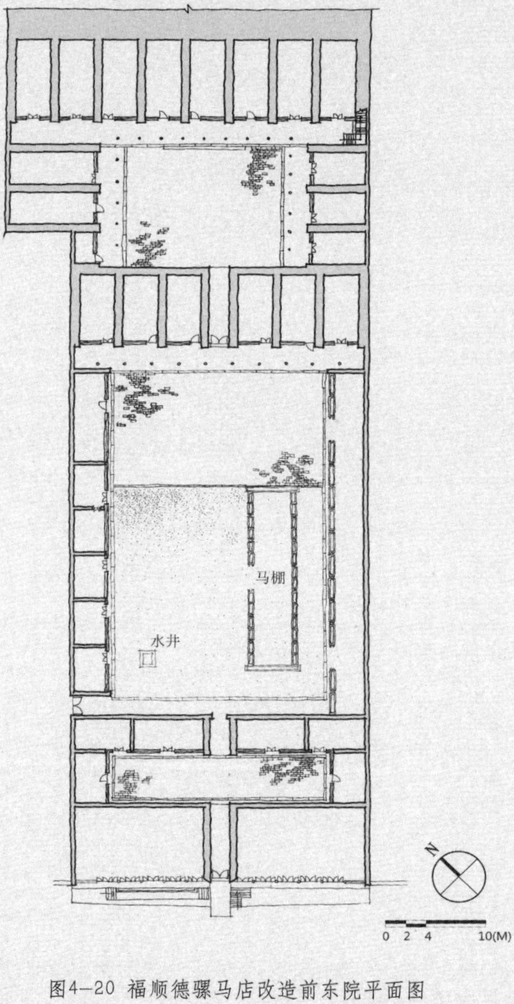

图4–20 福顺德骡马店改造前东院平面图

【第五章】

水德之瑞，卧虎黑龙

SHUIDEZHIRUI WOHUHEILONG

一、碛口寺庙建筑概述

临县曾建有寺观庙宇数以千计[1]，碛口及其附近村落中有准确名称的就有二十几座。除去名声鼎盛的碛口镇黑龙庙上下庙，还有西头村的西云寺、观音庙、三官庙，寨子山村、寨则坪村的关帝庙、山神庙，以及河南坪村的财神庙、樊家沟村的香炉寺、三交镇枣圪塔村的义居寺等。此外，在各个村子里还会有若干小庙供奉关帝、财神、观音、山神、土地神等神祇（图5—1）。

重要的寺庙建筑一般坐落于聚落中地理位置极佳的地方，或位于聚落中心地带。如位于碛口镇正中心卧虎山半山腰的黑龙庙上下庙、西头村西口的西云寺[2]、樊家沟村山坳

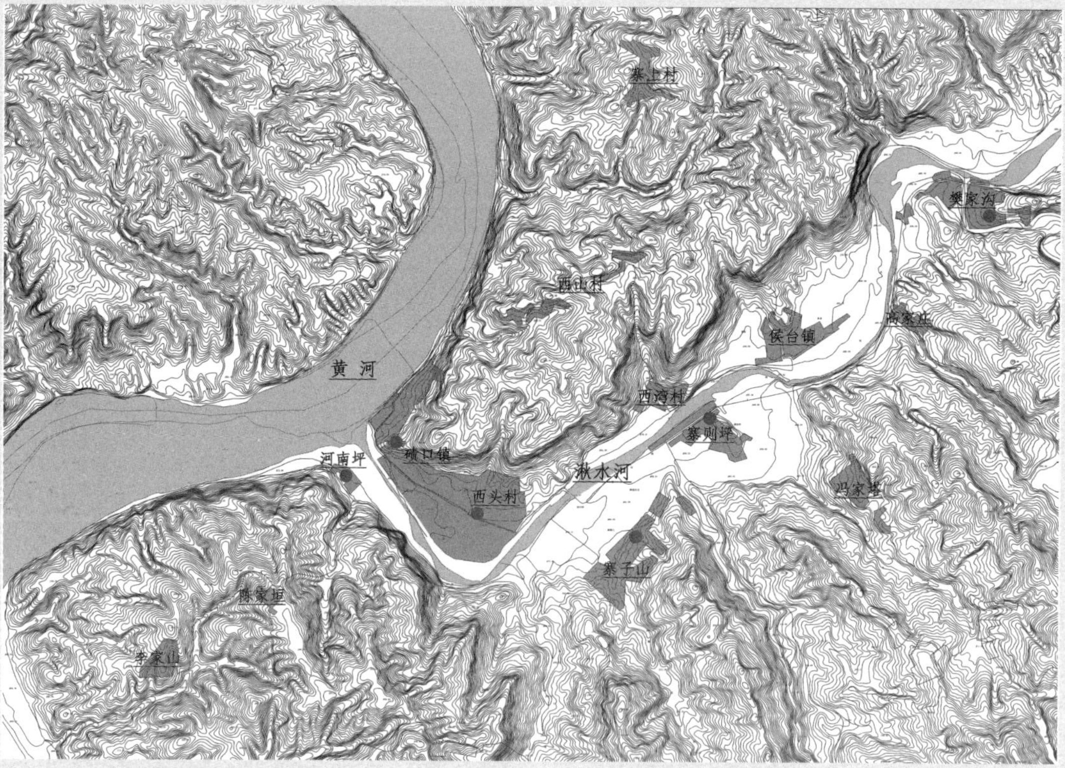

图5—1 碛口镇域范围内部分的寺庙建筑分布图

---

1 王成军，王洪廷. 碛口乡土建筑探究与保护 [M].太原：山西出版传媒集团，2011.

2 西云寺现已荒废.

上的香炉寺[1]等，都具有良好的地理优势，具有较好的可识别性。精致华美的寺庙建筑处于聚落最显眼的位置：于村民而言，处处能够感受到神灵的存在，而这种一览众山小的气魄，也只有神灵才能体会；于神明而言，伴随着庙会和戏曲表演的喧闹声，人群涌动而入，呈现出的便是一幅人间盛世之景。

对于一个以商业为主的镇子，寺庙和商会替代了普通居住型村落祠堂的地位，成为整个聚落精神和文化的中心。

碛口古镇中，现存西云寺、黑龙庙上庙、黑龙庙下庙三座寺庙。位于碛口镇与西头村交界处的西云寺，曾列入临县“十三官寺九下院”[2]中九下院，却是从别处迁来的。据民国6年（1917年）《临县志·古迹》[3]记载：“西云寺县治南一百里大同碛口，旧称西云观，在侯台镇北之西石崖，后因殿宇破坏，不便香火，移置碛口之北，西头之西，旧志称皇庆年（1312～1313年）建，今则无碑可考矣。”西云寺（图5-2）占地十余亩，后被碛口中学占用，现已闲置。如今殿宇已毁，窑洞犹存，山门特立，院内堆满杂物。

黑龙庙上庙（又称关帝庙）（图5-3），与黑龙庙下庙的空间格局无二，曾作为旧时

图5-2 西云寺现状

1 香炉寺现已损毁.

2 王成军，王洪廷. 碛口乡土建筑探究与保护 [M].太原：山西出版传媒集团，2011.

3 临县志编纂委员会. 临县志 .北京：海潮出版社出版，1994.

图5—3 关帝庙及黑龙庙鸟瞰

碛口镇的“晋商会馆”[1]，但在抗日战争时期木构建筑毁坏，1972年剩余窑洞全部拆毁。2006年在原址上仿黑龙庙重建，现已落成。但由于资料缺失多年，无法判断原貌，且香火不如黑龙庙下庙鼎盛。至于商会[2] 在上一章中已提及，这里不加赘述。位于碛口镇中心的黑龙庙下庙（称为黑龙庙），则是本章重点介绍的对象。

二、黑龙庙选址与整体空间特征

黑龙庙位于碛口镇中心地带，卧虎山半山坳处，坐东北朝西南（图5–4），创建年代不详。据乾隆丙子年重修黑龙庙碑记：“临、永间碛口镇，相传于明时，因河水漂来木植，创庙三楹，正祀龙王，分祀风伯、河伯于左右……”因此为据，可以推测黑龙庙最迟创建于明代，后又于清乾隆年间、清道光年间以及民国5年重修过。

图5–4 黑龙庙位置图示

碛口位于秦晋交界之处，旧时商人们依靠黄河河运谋生，故在黑龙庙中“正祀龙王，分祀风伯、河伯于左右”[3]，以祈求龙王爷能保佑一年航运风调雨顺。在每年农历五六月，大家集中起来去黑龙庙祈雨也一直是镇子里的传统。

根据走访[4]，抗日战争时期，全镇大量拆卸房屋木材以作他用，即使是关帝庙也不能幸免于难。然而当时人们却宁愿用自家的房屋木材以换取黑龙庙的安好。“文革”时

1 王洪廷. 碛口志 [M]. 太原：山西出版传媒集团,2005.
2 商会位置位于广泰当局院落三层。
3《重修黑龙庙碑》 乾隆丙子碑。
4 当地居民兼导游李小斌口述

期，人们为了保护黑龙庙，将庙中的石雕、木雕用报纸和泥土糊住，才使得黑龙庙得以幸存。可见黑龙庙在碛口人民心目中的地位。

行于湫水河岸，仰望位于卧虎山半山处的黑龙庙（图5-5），犹如一头下山的猛虎，雄踞在山头，伴随着咆哮的黄河水，数百年来凝视着山下来来往往的人们。

黑龙庙地理位置优越，登上钟鼓楼便可一览全镇。庙前又高又陡、剪刀形的路则犹如仪式般的存在，莫不体现人们从人世间到达神明住所的谦卑心态。长长的坡道营造出的神圣空间，就如神明对人的考验一般。这条路从一侧上，从另一侧下，让人们不走回头路。当地人[1]则称此路为“元宝路”，意为经过此路便可升官发财。这表达了人们渴望能在神明的庇佑下实现自己对于美好生活的愿景。

图5-5 远眺黑龙庙

1 当地居民兼导游李小斌口述

整体来看，黑龙庙为单进四合院，格局严整。整个院落并不大，深约44米，宽约31米。院落呈轴线对称，建筑中轴序列依次为山门、乐楼、正殿。中轴左右对称排列：钟楼或鼓楼、看台、左右配殿、左右侧殿。院落右侧还建有一个小跨院，旧时为厕所之用（图5—6～图5—8）。

从剖面（图5-9）上看，黑龙庙院落东北高、西南低，整体依山势而建，呈三级分布：正殿与侧殿居于最高处，乐楼和钟鼓楼则低于正殿约2米，山门外地势最低形成入口坡道。

从建筑功能上看，院落主体可分为三部分。一是山门与乐楼、钟鼓楼及看台形成的满足文化娱乐的空间，二是配殿形成的黑龙庙辅助空间，三是正殿及侧殿形成的祭祀空间。三重空间融于一个院落中，序列鲜明，由第一重开敞的文化娱乐空间，到第二重为过渡性

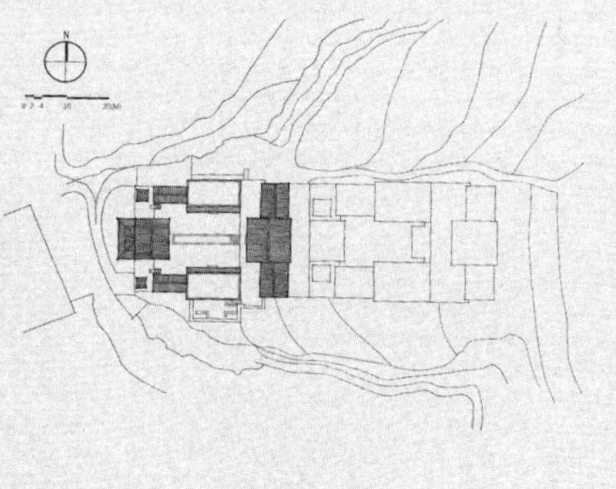

图5–6 黑龙庙总平面图

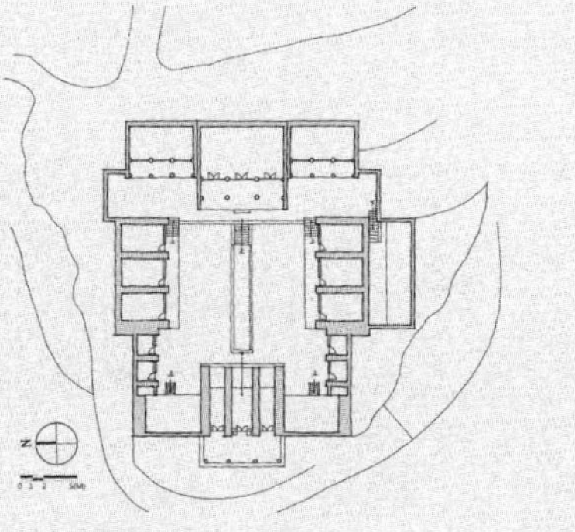

图5–7[1] 黑龙庙一层平面图

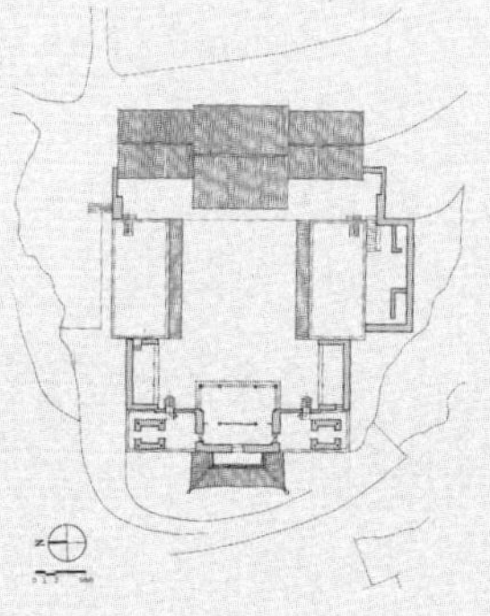

图5–8[2] 黑龙庙二层平面图

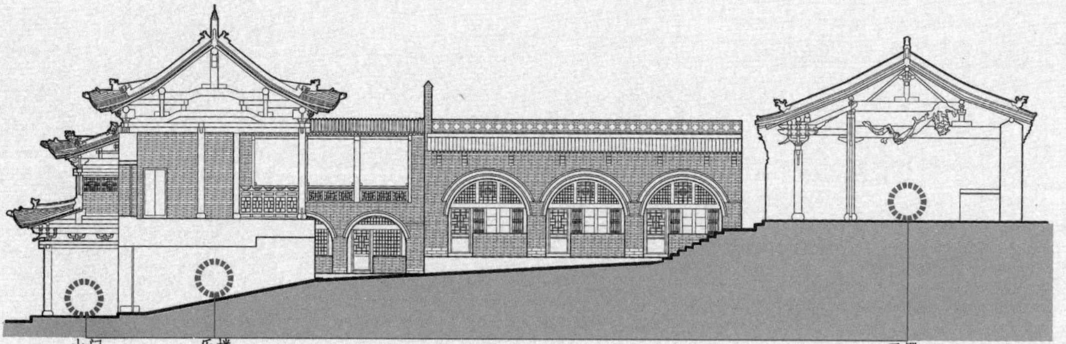

图5–9 黑龙庙剖面图[3]

1 引用西安建筑科技大学2010年碛口古镇测绘图纸。
2 引用清华大学碛口古镇黑龙庙测绘图纸。
3 改自西安建筑科技大学碛口测绘图。

的辅助空间，再至第三重肃穆的祭祀空间。

黑龙庙的入口空间可包含三部分：庙前坡道，山门入口，乐楼底部的门洞。庙前坡道可谓是人们踏入神灵领域的过渡空间，山门则是进入寺庙前的一个节点空间，门洞却是到达神灵居所的最后一道过渡空间。三重空间松弛有度，先收后放，接着再次收紧。特别是最后的门洞，通过十余米深的砖砌门洞，压抑后得见光明的感受，给人一种“不敢高声语，恐惊天上人”的心理暗示。

穿过拱形窑洞式砖砌的门洞便进到黑龙庙院中，院中由一条石材通道贯穿，尽头便是祭拜用的香炉。再通过层叠的条石台阶连接着黑龙庙正殿。石质铺地略高于院内地坪，形成具有纪念性的道路。

三、黑龙庙建筑营造与装饰

黑龙庙院落的构成（图5–10）严整有序，又不失地方特点，建筑造型精美，在碛口镇是独一无二的。中轴线由山门—乐楼—正殿构成，三点一线，皆为院落中的标志建筑。

这种山门与乐楼结合在一起的形式，称为“山门舞楼”。该山门舞楼为两层建筑，上层演出，下层门洞可以过人。外表是巍峨高耸的山门（图5–11），内观是宽敞气派的戏台。这种戏台形式，不仅在建造时节省费用，还利用正殿前的广场容纳人群，节省了空间。

山门（图5–12）为重檐歇山式屋顶，面阔三间，进深一间。山门雕梁画栋，两层皆采用三檩梁架结构所建，柱间施大斜拱，耍头龙头，次间亦作龙头。三扇门（图5–13）皆为对开板门，中门外方狮子门砧分立左右[1]。山门处安有清道光时期的两副对联，其一：“物阜民熙小都会，河声岳色大文章”，为郡人崔炳文[2]于道光癸卯年（1843年）撰书，其二：“山河砺带人文聚，风雨祥甘物气和”（图5–14），为永宁州知州王继贤[3]于清道光乙巳年（1845年）撰书。

1 王志峰.临县碛口黑龙庙及其祭祀民俗考。

2 崔炳文是永宁州（今离石）人，清嘉庆庚午举人，曾任国子监学正、同考官、广西新宁洲知州等官职，生平嗜学，精书法，著述尤多。

3 王继贤（1792～1850年），字翰城，黔城长坡村人。幼聪慧，12岁应童子试，曾两度入长沙岳麓书院受业，由禀贡生赴京都入国子监。受工部侍郎何凌汉的器重，延至其家授业。不久便以例授中书科中书，前后16年。清道光二十三年（1841年），任山西省汾州府永宁州知州。

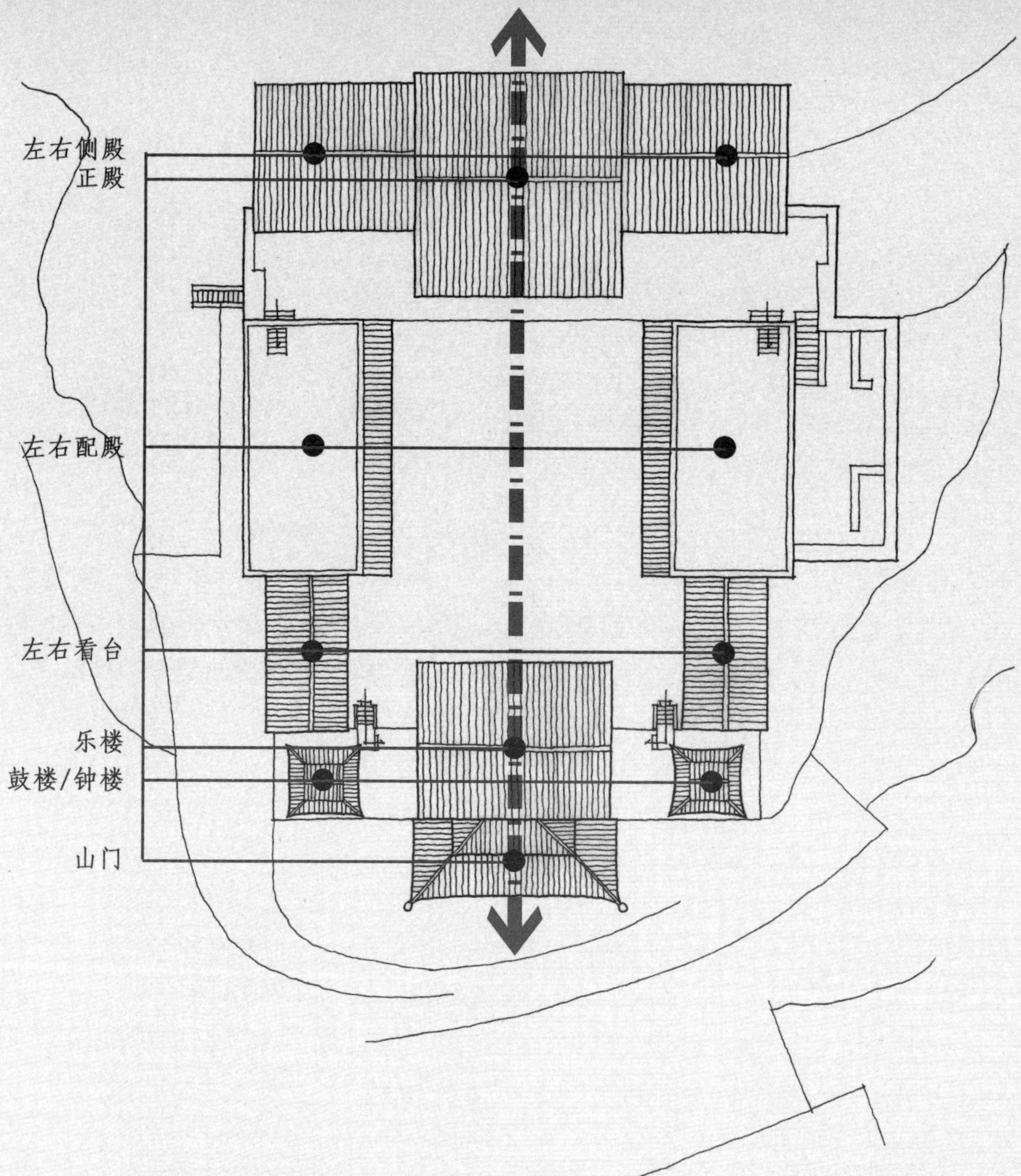

图5—10 黑龙庙建筑序列示意图

图5-11 外看黑龙庙山门巍峨高耸

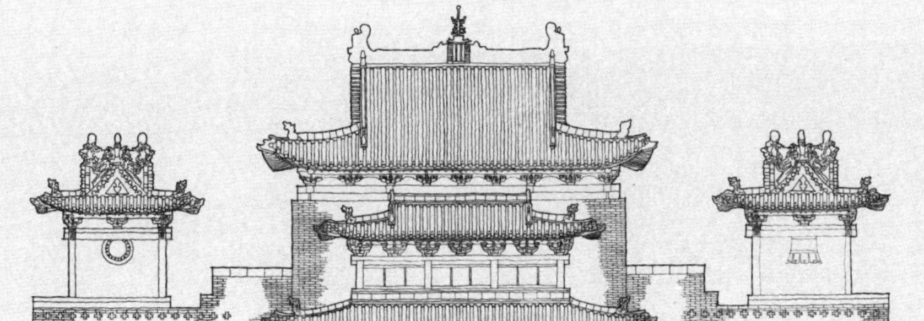

图5-12 黑龙庙山门立面图[1]

1 引用清华大学碛口古镇黑龙庙测绘图纸。

乐楼（图5–15、图5–16）二层为单檐歇山顶，绿琉璃筒瓦铺顶。黄、绿琉璃瓦剪边，琉璃鸱吻、戗兽立于戗脊上。屋脊正中有一琉璃阁装饰，上有“寿”字形避雷针。乐楼面阔三间，进深三间，为五架梁结构。乐楼出挑较多，形成了可三面观戏的效果。在其太师壁正中挂匾“鱼龙出听”，也为王继贤所书，左侧为“挹雅”，右侧为“扬风”。

乐楼分前台和后台，另设名角、班主休息之所。乐楼另一独特之处，便是在不同人群之间产生互动。乐楼与达官贵人所处的包厢相距甚近，在收到达官贵人打赏之后，戏子从后台便可以直接上前敬茶答谢[1]。

图5–13 黑龙庙山门处的三扇板门

图5–14 黑龙庙山门处对联

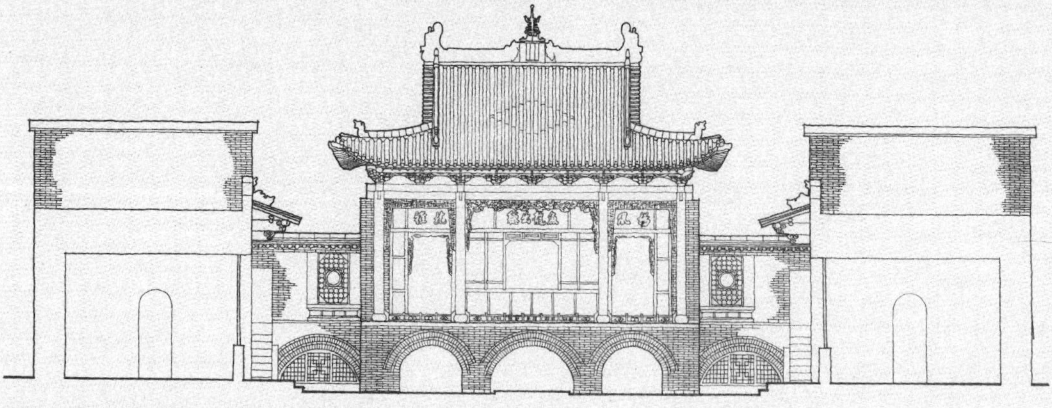

图5–15 黑龙庙乐楼立面图[2]

---

1 当地居民兼导游李小斌口述：达官贵人在看台看戏后行打赏，戏子在收到达官贵人打赏之后，可以从后台至与看台连接处，上前敬茶答谢。

2 改自清华大学碛口古镇黑龙庙测绘图纸。

图5–16 黑龙庙乐楼

乐楼音响效果良好，台上唱戏不需要扩声设备，全场就能听清。夜深人静之时，就连山下居民和黄河对岸的吴堡县居民也能听清，以致有“山西唱戏陕西听”[1] 一说。或许是因为乐楼一层是三口砖砌窑洞式拱形门洞，连接山门与院落，而拱形具有一定扩音效果，在戏台上唱戏时，通过门洞的共鸣能放大声音。

乐楼两侧平台上分别是钟鼓楼，皆为十字歇山顶，上铺灰瓦，盘龙鸱吻。但近年维修只保持盘龙、鸱吻纹样不变，其与屋顶交接处直接用水泥粘接在一起，过于粗糙。在屋顶四角挑檐处各系一个铃铛，伴随着风声奏响一曲古寺百年长歌。从此处向外眺望，不远处奔腾不息的黄河、层叠而上的山峦、错落有致的房屋尽收眼底，顿时让人心情舒畅。

正殿与乐楼相对而立，相距19.3米。正殿（图5–17、图5–18）面阔三间，进深两间。硬山顶，灰脊筒瓦铺顶，黄青琉璃鸱吻，墀头青砖雕龙。殿宽约10米，深约6.2米（图5–19、图5–20）。殿内供奉主神黑龙神，梁架上悬有一对双龙戏珠塑像，皆为1993年新作，替代在“文革”时期损坏的神像。据了解，乐楼曾经比正殿略高而与体制不合，于民国5年（1916年）将正殿台墩提高四尺，故而将正殿及耳殿大修。[2]

两侧耳殿各为硬山三间，左耳殿供奉华佗，右耳殿供奉财神。耳殿面阔约7.8米，进深3.8米，廊深2.5米（图5–21～图5–22）。

院子的两侧各有看楼三间、窑洞式配殿三口（图5–23～图5–26）。看楼为硬山卷棚顶，立细木圆柱，并立有木栏杆。从太师壁后的后台出侧门，可以走到左右的钟鼓楼去，两侧平台旧时为戏子答谢之地，现为黑龙庙历史介绍展区。看楼下层窑洞高2.8米，有两口半窑洞外露，另有半口窑洞伸入钟鼓楼底层，与山门门洞向左右伸进形成两眼窑洞，都可以作为当时戏班住宿所用。而三口窑洞式配殿则与看楼直接相连而不相通，在配殿顶层形成开阔的平台。据说当时是妇女小孩的主要看戏场所。

1 有竹枝词道：“卧虎笙歌天外天，山西唱戏陕西听；静夜一出联姻戏，百代千秋亦温馨。”

2 王成军，王洪廷.碛口乡土建筑探究与保护［M］.太原：山西出版社传媒集团，2011.

图5-17 黑龙庙正殿立面

图5-18 黑龙庙正殿立面[1]

1 改自清华大学碛口古镇黑龙庙测绘图纸。

图5-19 黑龙庙正殿左侧墀头砖雕

图5-20 黑龙庙正殿右侧墀头砖雕

黑龙庙秉持着无处不装饰的原则，从柱基到屋顶、从山门到正殿，工匠都尽其可能去雕琢、去营造一个精美院落。

轴线上的建筑正脊装饰为鸱吻分立两侧，阁楼居中而立。据说这个阁楼被称作“姜子牙”[1]。传说姜子牙封神时分封众神，却独独没有自己的神位，于是他将自己的神位建在了所有庙宇的屋顶之上，意为“姜尚一出，百无禁忌”。而鸱吻雕刻更为精美，后因人事变迁，装饰残破，现在所见的都是几年前重新粘接修复的。

山墙墀头砖雕生动，多以动植物取材，但新修痕迹过于明显，不多赘述。房屋柱础（图5-27、图5-28）以石材为主，多雕刻花卉纹样。局部影壁（图5-29）上饰有琉璃纹样，也成为黑龙庙中的一道亮丽风景。

窑洞挑檐下的耍头（图5-30）也较镇上其他房屋的耍头不同，由两层条石插入墙内逐

1 当地居民兼导游李小斌口述。

图5-21 黑龙庙耳殿墀头砖雕正面

图5-22 黑龙庙耳殿墀头砖雕侧面

图5-23黑龙庙看楼及配殿[1]

1 黑龙庙配殿于2014年7月重修无根厦檐。

图5-24黑龙庙看楼及配殿

图5-25 黑龙庙配殿窑洞

图5-26 黑龙庙写生

图5-27 黑龙庙正殿柱础

图5-28 黑龙庙耳殿柱基础

层挑出，上层条石用以支撑屋顶挑檐，下层条石短于上层并用以支撑上层条石，使其更为稳固。

黑龙庙不但在屋顶加诸繁复的砖雕，且在门楼、乐楼、正殿、耳殿和钟鼓楼屋架都有斗栱、雀替且多以龙装饰，饰以色彩明快的彩绘。颜色以靛蓝与深绿为主，以金漆勾边，再辅以朱红色。颜色虽不似宫殿富丽堂皇，却是黄褐色的大地上一抹华美的色彩。

在黑龙庙中还遗留这一些碑文[1]及牌匾，见证了黑龙庙以及碛口镇多年的历史。保存时间最久的便是清乾隆丙子年留下的《□修黑龙庙碑记》。同时也保存着清道光年间、民国5年、民国8年的碑文以及清同治年间的牌匾，其中同治年间匾上书“执顺镜清”（图5–31）。

图5–29 琉璃纹样[2]

图5–30 黑龙庙配殿双层条石耍头[3]

图5–31 黑龙庙清同治年间牌匾

1 乾隆丙子碑《□修黑龙庙碑记》、道光丁未碑《卧虎山黑龙王庙碑》、民国5年碑本镇施银商号名录、民国8年碑本镇施银商号名录、民国5年《重修黑龙庙碑记》。

2 碛口工匠陈师傅口述：这是花大力气特意从石家庄找来的龙纹琉璃壁，替代原有的装饰（原有花纹不明）。

3 2014年新修黑龙庙配殿时修复的。

附　录

一、院落索引

1.院落编目

2.院落图解索引

A1
A2
A3
A4
A5
A6
A7
A8
A9
A10
A11
A12
A13
B1
B2
B3
B4
B5
B6
B7

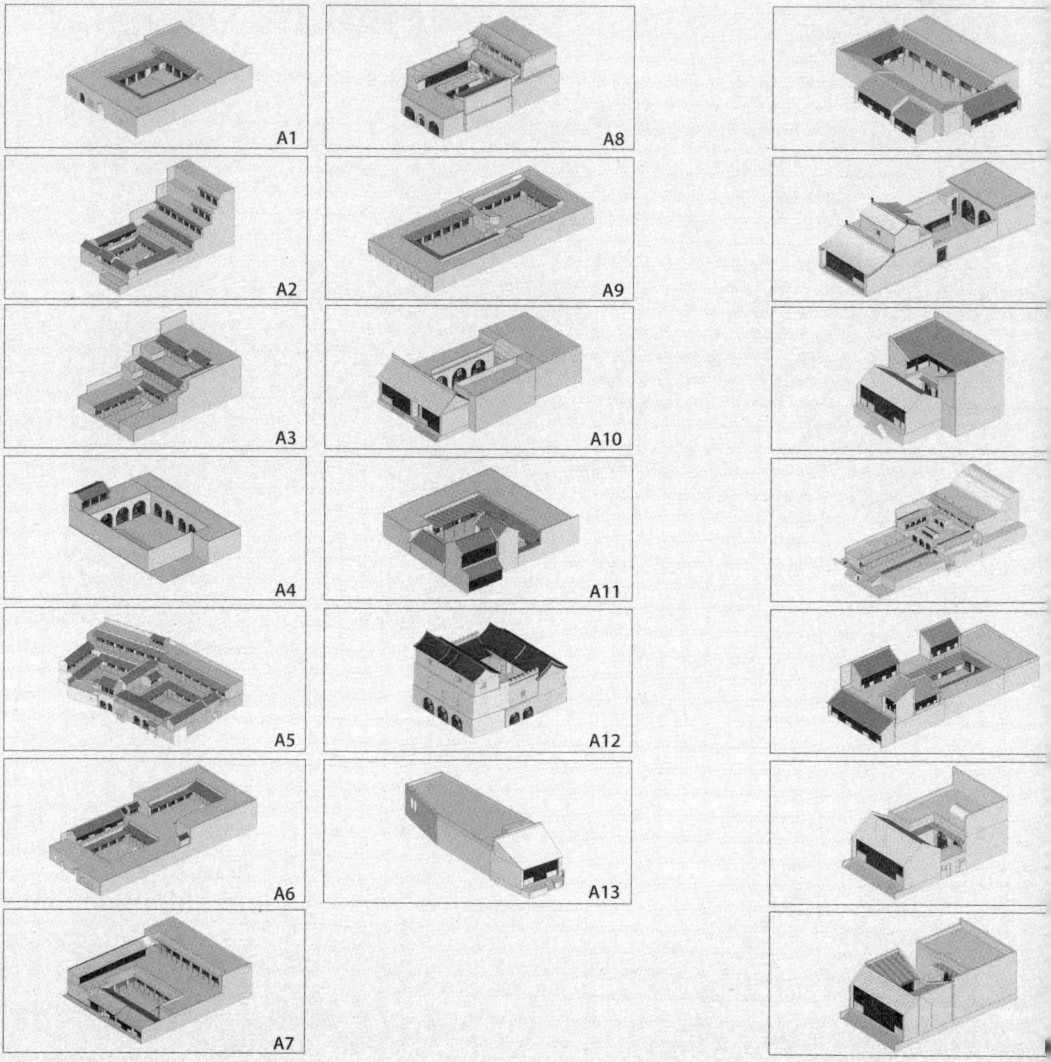
A1
A2
A3
A4
A5
A6
A7
A8
A9
A10
A11
A12
A13

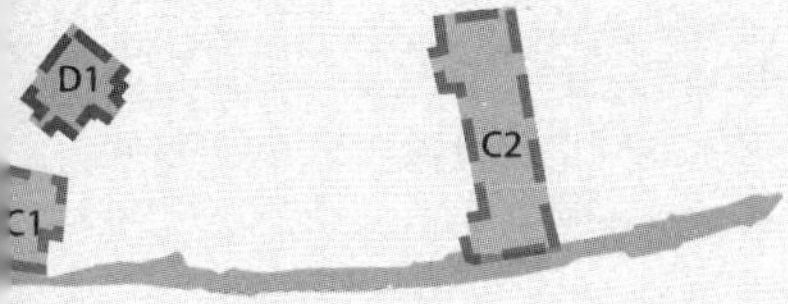

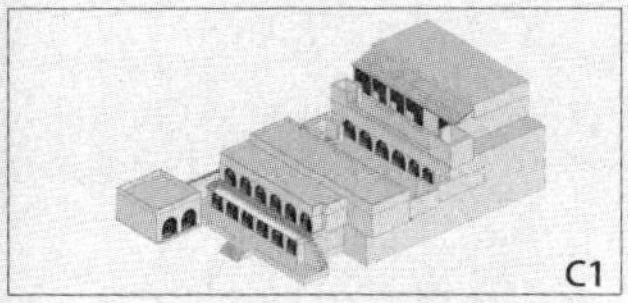

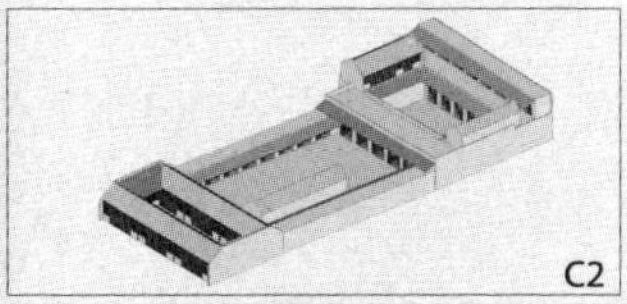

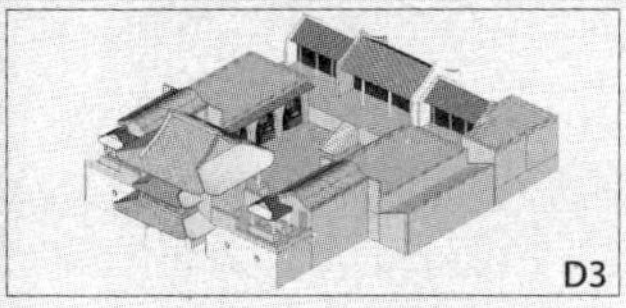

二、碑文

1.乾隆丙子碑

□修黑龙庙碑记

颂升平之词曰：风调雨顺，海晏河清，此自然之气化哉，抑亦有神焉，默为主持运用于其间云。盖风雨河水其为利恒于斯，其为害亦恒于斯。如无列风淫雨，水不扬波，若越裳氏之所称，固利莫大矣；设或淫雨霏霏，连月不开，阴风怒号，浊浪排空，若范文正之所记，则害孰甚焉！然则欲有而无害，讵不于龙王、风伯、河伯三神有嘉赖哉？临、永间碛口镇，相传于明时，因河水漂来木植，创庙三楹，正祀龙王，分祀风伯、河伯于左右，凡以风雨水三者，其机相因，其势相垂，故并奉为兹土保障焉。追雍正年间，增修乐楼一座，他如东西两廊，以及斋房门墙诸规制，则蹉跎岁月，至今未修。夫庙宇者神所凭以栖灵之处，而碛口镇又境接秦晋，地临河干，为商旅往来舟楫上下之要津也，比年来人烟辐辏，货物山积，每当风雨骤至，波涛忽惊之倾，则人人仓皇，呼神欲应，夫是以演歌舞，供牺牲，祈则固因陋就简，而今荆棘丛生于阶，瓦砾狼藉于庭，何堪以妥神灵哉！此土人因循之过也。今募缘增修，两旁隙地营建砖窑若干眼，而竖钟鼓楼于其上，其下则立山门，修垣墉，鸠工庀材——补前所未建，虽其体制隘小，而视前荒凉冷落之况，焕然改观，或差足为神圣之行祠乎，爰制俚语，勒诸贞珉悍后□□览斯文□□□□四时香火永无歇绝，则今日之遥为厚望也夫。

临邑禀膳生员高文发撰并书

功德主　永宁州候铨州判陈三锡（删去儿孙名）施银一百两

领袖人　陈三宽（删去五人姓名）

经理人　（删去五人姓名，以上各施银二至十两不等）

大清乾隆二十一年十月二十三日谷旦立

2.道光丁未碑

卧虎山黑龙王庙碑

余因公至洪济寺，见古柏蓊郁，恐久而湮也，作歌志之。越翌日，溯河流憩南山寺，观孟门洪涛，如龙潜浪起，澶漫□□，没滑漭坑，不可名状。复从涛畔行，遥望卧虎山，雷电交作，云黑如墨，雨大倾盆，前则龙潜溯而鼓涛，今则龙飞天而降雨矣，不避雨进近，卧虎山下，有湫水架桥以渡，余方渡桥，雨更甚，转瞬山水至，桥崩。有为余喜者曰：倘渡桥稍迟，恐大受惊，此中有龙佑焉！余曰：固然。然龙神之佑余一人其功小，佑余百姓其功大也，方今望雨甚殷，得此大雨，官吏喜，商贾喜，农夫更喜，岂独余喜乎！是龙神之赐也。爰登虎山，礼龙神，以锡福者也。其庙制之壮丽，结瑶构琼，图云画仙，台雕榭楼，木广对阁连。董事者陈刘两姓云，此庙创始于乾隆处陈三锡公。兹重修起道光癸卯秋，讫丙午夏。兼赖众姓以有成焉。

道光二十七年岁次丁未孟夏月五日，永宁州知州王继贤撰并书。

3.民国5年与民国8年碑

民国5年碑本镇施银商号名录

玉泉成 元盛新 广泰当 兴隆昌 永泰生 永泰成
复泰恒 和兴长 源顺德 大兴魁 天和瑞 集盛隆
德和成 长源汇 晋泰长 天聚隆 永和德 日新恒
德义兴 三益恒 复聚魁 德和隆 德泰厚 万顺德
永泉德 洪泰成 德和泰 德成源 永泰隆 日新茂
德和兴 兴茂成 两合成 自兴店 永顺长 复顺魁
万兴店 复兴魁 德盛恒 德盛久 三和厚 义成信
双合勇 同盛生 兴茂得 裕丰恒 德盛长 晋泰源
永泉公 两盛泉 兴盛高 义顺长 万益成 三盛魁
协兴成 义盛魁 义隆厚 复生馆 复和成 两盛德
源盛德 德胜魁 义顺长 义深厚 蔚盛魁 晋源永
德和勇 洪盛魁 瑞生永 德和新 义成厚 两盛祥
德聚永 庆和厚 三义昌 全盛长 同庆公 同泉茂
义顺公 三义合 兴胜韩 新盛韩 自成店 复兴店
天德合 天德长 义成和 永泰长 万合荣 三和泉
元茂和 四盛源 三盛德 义泰荣 复泰染 兴盛韩
三和居 天元居 复和永 同生泰 复泰长 永裕德
保和高 公和高 德聚公 锦泰源 德茂隆 丰盛隆
长顺魁 隆盛长 复泰公 复盛新 忠和元 洪盛厚
永泉吉 玉成元 天成店 积顺昌 万成永 三成永
元泰店 集生长 德合元 天顺成 永新元 复兴居

民国8年碑本镇施银商号名录

德盛茂 复和店 两和盛 天德恒 自和长 积升染
忠信泉 元盛茂 复源居 元泰厂 泰和长 德盛永
三合义 元成店 兴盛永 永茂公 公盛长 自盛亭
复顺永 兴隆魁 协成玉 和顺泰 天顺李 长源泉
新成永 源盛永 元兴楼 三和魁 三成元 三顺源

同心合 复兴泰 长盛魁 两合高 义成德 恒盛泰
崇盛长 德盛公 兴盛□ 复□□ 两合楼 复盛永
德□□ 德盛□ 两顺魁 祥源□ 德成□ 天□恒
元顺□ 德盛糖 三盛□ 德盛□ 德义□德成义
复生□ 复合□ 二和堂 万□□ 浚源长 永顺恒
锦和长 洪盛公 和兴店 复茂成 积盛馆 协昌厚
王泉张 两和愧 义盛公 复义昌 四盛高 两和源
元隆昌 万长染 大兴店 义顺源 崔彦恒 复盛成
全和成 永盛厂 资深长 德泰厂 永茂厂 义兴隆
义盛源 发盛□ 德顺昌 元和长 德泰源 德成隆
祥盛隆 永合成 长盛合 元和店 广兴店 义成永
三盛厂 复泰新 元亨蔚 天和成 晋丰蔚 庆元昌
复和元 魁泰兴 东和长 复顺隆 德和公 三盛馆
忠和厚 永裕厚 复义和 长义源 元隆昌 复和魁
天义成 同心成 兴盛魁 元泰成 三顺公 祥顺隆
义顺成 庆元长 复泰厂 万兴楼 德盛源 两顺高
长义成 永 染 复盛长 三义成 聚茂昌 晋盛源
陈声名 万合荣 万盛成 义和长 万益长 通顺源
义和生 天和成 五盛馆 复顺高 兴盛厂 长盛永
长源成 二合永 仁寿堂 天德永 利 高 □顺祥
忠义长 □□源 和合成 裕成□ 德顺厚 复□有
长盛久 □□久 □□高 □□厚 同兴永 □□泰
复义成 三发楼 □□班 同 公 两盛永 祥发长
三盛源 发盛成 同心长 黄广泰 同盛德 自成皮房
永盛德 三盛堂 自立成 两盛义 复顺长 德盛和
源公司 四和成 复和永 永和高 自成高 协和永
锦和源 自成源 永盛魁 中和德 日升张 复义永
日增高 同德昌 公义恒 源泰生 日增染 积和成
义成公 义盛公 复盛公 合盛公 德兴昌 同德昌
中和义 益成染 恒心号 复义昌 复成店 自成永
万源隆 两盛馆（各家施钱略，一千文至四千文不等）

4.重修黑龙庙碑记

黑龙之名，何自昉乎？或曰：黑乃北方之色，于卦北方属坎，坎为水，水能生谷，帝命率育之功，斯其莫与京者舆欠！抑又考之触石而起肤寸而合，不崇朝而雨遍天下者泰山之云也。顾云之为物，由龙嘘气而成，气一嘘而雨即遍乎天下。是神之膏泽普被寰区，祈报者之竭诚以祀，亦义之不获自已也。岁丙辰，余奉县长胡公召，襄办邑中学务，适陈君懋勇以碛口黑龙庙工将告竣，宜勒石以志，索记于余，且曰：是庙规模壮阔，昭然人目，惟下院乐楼较正殿轩高体制不合，亦无可讳言。先父在时，即发愿重修，值时局纠纷，未敢率兴鼛鼓，临终犹谆谆嘱勇曰：尔能成吾志，吾死亦瞑目矣。勇铭心刻骨，不敢忘。民国三年七月，勇邀集社首、绅商公司筹议，众皆鼓掌赞成也，并推勇为工程主干。迴念先人遗命，不敢固辞，遂于是年秋冬两季，购备材料，次年春兴工，先从正殿经施，掀高四尺余，木石之朽者易之，坚者仍之。此外，风神、河神、财神、仓官以及金龙大王，下至乐楼重施丹青，焕然改观。方事之殷也，自春徂夏，久乏膏雨，至六月初五日向晡，忽然黑云密布，势欲倾盆，勇心虽甚喜，然以一篑功亏，默祝迟至，明朝一再降甘霖！是晚止落寸许，是早工竣，大雨骤来，群情忭舞，遐迩欢腾。噫！此神之故显其灵耶！抑事之会逢其适耶！当今勒石，聊叙颠末云云。陈君之言如此，余维神所降鉴，人莫能逃，而人苟诚求神无弗应，神人之相感微矣哉，况聪明正直谓之神，人果能葆此聪明，好事正直，则吾心之神足与天之神声气相接，呼吸相通，而风雨之以时，旱干之弗作，固非恍惚不可凭之数，时黑龙庙方落成，余故揭陈君之言参以臆说，为乡人之致力于神者劝。是役也，提倡者为陈君懋勇。而纠众募缘督工饬材，历始终而罔懈者，则刘君省三，王军丕华，咸与有力焉，并志之。

总经理领袖碛口商会副会长　　陈懋勇
经理司事　　刘省三
北京国立大学文科学士临邑　　冯汝骧敬撰
临邑　　陈懋勉敬书

中华民国五年十月 谷旦
镌石河津严孟惠子 凤鸣

三、口述实录

为更加准确地掌握碛口地区的建筑营造技艺，笔者采用了口述实录的方法，跟踪采访了镇区及周边村落的工匠。通过实录的形式，记录各位工匠的成长和从业经历，以对测绘图档和摄影图录进行补充和完善。

口述采访对象如下表所示：

序号	姓名	出生年月（农历）	祖籍	工种	从事工匠时间	采访时间
01	李海友	1942.5.25	李家山村	石匠	15岁至57岁	2016.8.19
02	陈俊万	1963.12.13	西湾村	木匠	20岁至40岁	2016.8.19 2016.8.20
03	白根应	1954.10.2	碛口镇	泥瓦匠	26岁至今	2016.8.20
04	崔抵全	1947.12.29	碛口镇	泥瓦匠	12岁至60岁	2016.8.20
05	陈贵生	1952.8.10	寨则山村	泥瓦匠	16岁至55岁	2016.8.21 0

1.李家山村李海友

采访时间	2016年8月19日　上午11：00
采访地点	山西省碛口镇李家山村
被采访人	李海友
出生年月	1942.5.25
工匠种类	石匠
祖籍	李家山
采访及整理	韩丽君

问：您以前父辈祖辈就是李家山的吗？

答：对，一辈子都是李家山的，老房子就是李家山的。

问：请问您有子女吗？子女有没有想要跟您学习手艺的？

答：有子女，但是没有跟我学手艺的。当工匠本来就是个受苦受累的活，我希望他们有出息，他们自己也不想干。

问：那您现在靠什么生活呢？

答：自己的积蓄，国家的补贴。

问：您以前有读过书吗？

答：书读到小学二年级，十几岁就出去打工了。

问：您做工匠做到了多大年纪呢？

答：做到57岁，后来身体不好了，才不做的。

问：您以前是从事什么工种的呢？

答：我就是石匠，打石头、开瓦田，就这些事。

问：您是从什么时候开始做这个手艺的？当学徒学了多少年？

答：在15岁开始学的，我11岁的时候母亲去世了，我父亲以前在主人家买卖上码账，所谓的管账，在我17岁的时候父亲也去世了，我还有个妹妹需要我照顾。也没做什么学徒，就是跟着主人家里干，人家要你了，就出来干活，没有拜师傅，就是跟着人家干，看一看也看会了。

问：那时候你在主人家帮工，主人家是怎么给你发工资？

答：刚来的小工一天一毛钱，大工是一天一块七毛二分钱，这还是好工资，后来涨到两块，小工是管吃管住完了给你二毛钱。

问：大工和小工都做哪些事情呢？

答：大工就做具体的建造，小工就是帮忙，配料，调泥，干些杂活，大工让干啥就干啥，一个大工就要带三个小工。

问：那您学了多长时间？

答：看着学了三年，三年小工，干到十八岁之后就开始自己做。

问：那您自己开始做了以后有年轻人跟着您学吗？

答：有，也有过，陈家院，有个人叫念顺，他学的时候也二十多岁了，跟我年纪差不多，也是学石匠，以前打小工的时候我跟了个老师，他当时没有，后来跟着我学的。

问：您十几二十岁的时候，这一片做石匠的人多吗？您都做过哪些类型的建筑？

答：多，最多的时候四五十个。一般人家修的话就窑洞多，都是这样的，以土窑为主，也做平地起的。我在交城，文水县，有个窑是我做的，就是刘胡兰死的那个地方。叫黄陵窑，那有个黄陵桥，需要修水窑（北方地区窑洞形的雨水蓄水设施），那个窑就不好修，水泥糊不上，什么泥也弄不上。

问：那您建房子前，主人家是谁来组织你们来盖这个房子的？

答：就主家找我们，让你干多少你就干多少。

问：那一般都是什么时候盖房子？不用避开农忙的时候吗？

答：不用。正月初三是最好的日子，这个日子村子里盖房子的人特别多，除了初三，一般老百姓都是三六九，出九了不用，其他时间就是动土的日子。

问：之后请风水师过来选日子，然后再选地吗？风水师来了怎么选这个地？

答：对，请风水师用罗盘把这个地形看看，问问他怎么搞。就像老人（去世）一样，看看这山，水，阳面，选这个地形不能走气道，一般都背靠山。

问：跟山的土质质量有关系吗？

答：没有，跟风向有关系，有沟有坎的地形尽量避免。比如这个地方有个山，两沟加一峁就不好，不适合盖房子，其他的情况就是地形不好的不要盖房子，也不要选墓地，朝向就是要向阳，要有光照，你住在这个地方，就得有光照。

问：具体的这个角度呢？

答：比如在你家对面的朝向300、500米甚至1000米有跟你家朝向相同的房子，这就是印，印越近，你家后代就越兴旺，对面空旷就不好，如果印前面小、后面高的话就更好，要是没有，就找你的印的位置，有山坡的位置，这也为印，这就正好了，但是不能太高也不能太低，以窑的高度为主。住的太低了，也就是山太高了，住在这个沟底，就不好。

问：那对于地势或者水有要求吗？

答：有印的地方就有水了，选的地对面是一个小山坡，如果有沟的话就更好了，院子宽敞，这象征着来财快。

问：那风水师决定这些以后有专门负责建筑和管理的大工匠吗？

答：主家找的谁就谁管，找的你就是你决定，主家管你吃管你住，给你工钱，一般主家都会找有几年经验的，经人介绍的。

问：谁来决定修什么样的窑洞？一般都是修几孔窑？

答：看地形，地形能修几孔就修几孔。还要看主家的经济实力，有钱了就多修几孔。

问：盖窑洞的时候一般有什么大概的步骤？

答：挖地基，砌墙，把地基打起来，合顶，合完顶的话，就开始灌缝，弄完顶，然后弄门窗地面。

问：那我们先从地基开始说，是先放线吗？

答：风水师用罗盘定了方向，一开始就定了，我们画一些白线，把面线先放出来，之后就是挖地基。

问：风水师定向，你们放线，那地基的沟一般挖多深多宽？

答：看土质的疏松，土质可以的话，普通人家20厘米就行了，土质松的话，就挖1丈，土质差不多的，一般就是60厘米。宽度就要看地形，石窑和砖窑不一样，砖窑一尺八，石窑二尺八，挖的时候两边加20厘米出来。

问：沟挖好接下来该怎么做？

答：够了以后就开始采石了，去山上采，先弄一块大的石头，再人工切开一个口，然后拿大锤弄开，一块大石头一般就能够半个窑洞。

问：需要用炸药吗？

答：也用炸药，先开一个缝，再一点一点切开，开大石头要打炮眼。需要建几孔窑就打多深，比如你修五孔窑洞，我就打五孔窑的厚度。石头够厚的话，就根据石头的裂缝，就像切西瓜一样，切成毛石，毛石一块一百多斤重，人工背下来，拉到修的地方，再加工成面石，之后按照尺寸切割。

问：一般山上背下来的石头尺寸是多少？填地基时对石头有什么要求？

答：这个不限定。石头大的小的都有，填的时候随便填。夯实之后就灌泥灰，就是那个泥浆，有白灰、黄土。近些年都是用黄土，白灰有专门烧的，我们这就有卖的。把那些青石鹅卵石烧成白的，再拿出来用，至少埋三个月。然后石头铺一层灌一回泥灰，灌完之后干透了，不稀了就行，低于地面，多出一块，正常低一点，低两三厘米。

问：之后就开始砌窑腿了，石窑的窑腿宽度是多少？

答：一般是2尺，地基要大一点，地基2尺4，一头宽出来6厘米，砖窑也是一样的，尺寸都一样。

问：砌砖窑的话砖在哪来的？砖的尺寸是多少？

答：一般都主家自己雇人烧的。砖窑可以现建，砖都有模子。以前的砖一般一尺八到二尺二，宽五寸，厚两寸，现在小了，现在都是八寸八到一尺，过去土窑石窑多，（20世纪）80年代前，砖窑费钱，过去就是讲究一砖二石三土窑，砖窑是最豪华结实的，土窑最省钱，其次就是土窑。

问：墙角处的这个石头或者砖怎么咬合起来？

答：一般都是直角的，先吊线，然后一层一层地砌，三五层以后再吊，现在有仪器了，就是三点一线，隔三五层砖就要重新吊线，一个一个地放，先砌墙脚后砌墙体，再砌窑脸，后面的墙跟着面子墙走，面子墙上的尺寸必须标准，窑脸砌三层以后，再砌后面，窑就可以定型了。

问：墙体砌的顺序是一起砌吗？

答：这取决于你工匠雇的人数，多的话就同时修，少的话就分几天，要是先砌了窑脸，那也要先把墙脚砌起来，再砌其他的窑腿，后墙是最后砌的。

问：窑洞有防水防潮吗？

答：过去有通风洞，有后窑，就是窑洞后面还有个小的，一般土窑都有，这里面有一个隔潮的效果，没有什么防水，一般的窑洞都喜欢修个通风洞。

问：室内净高一般是多少？

答：一般都1丈，从下边到窑顶，就比如说这是1丈的窑吧，高是1.05丈，室内净宽就是九尺五、1丈或者1.05丈。

问：拱都有哪几种形状？

答：看你要什么样的，一般有四种形：单拱的，圆形的，罗雀形，再一个就是鸡蛋形。椭圆形，鸡蛋形的要比罗雀形大五分，半径都是1丈嘛，是50，蛋形的比较多，这样的比较好看。第四种就是这种椭圆的，上边稍微有一点点圆，这种下来以后更矮了，弧度一样，高也差不多，这个弧度和鸡蛋形的差不多，区别是定那两个点的长度，椭圆形的从第一个到第二个到第三个，总共要好几个点，鸡蛋形的话至少两个点。鸡蛋形的券出来每个形状也不一样。根据经验券出来的弧形，不是每个都一样。这些都是建之前都算好的，大概算一下。

问：最外边的拱券线大概多宽？

答：外面的石头一般是八寸一个，尺寸比较灵活，石头的一般都是一层，砖头的话有三层、四层还有五层的。

问：搭窑胚一般都有哪些程序？

答：搭这个窑胚，有的简单有的难一点。第一种就是有做好的模型的，有木头材质的也有钢铁的，原来的土办法就是在中间先挖两个壕，这里边是土的，实际上是土的，中间的这地方定点，定完点以后往上画，在土上画出这个来，整个从这个到这个点上都刨掉，然后开始砌砖砌石头，最后砌好以后再把这个土倒出来，就是吊线。土窑也是这样的，前后是两条平行线，不能前边高后边低，这两个线很重要，是个技术活，不然会散架。

问：这两个模子放在哪个位置？

答：那是平地修的那种锢窑才用模型，这两面的墙都起来后把模型箍在墙上，然后开始砌砖，这个模子是活动的，把它放在墙上，下面现搭一层砖，有支撑着的模架，再直接把砖放上去就好，砖砌的拱是有弧度的，每两块砖之间有空隙，在空隙的地方放楔子，一般放一个楔子或两个楔子，放完楔子以后就把砌好的拱用白灰灌浆，灌进去才结实。

问：这两个拱之间的八字壕是怎么填的？

答：一层一层灌土，一层一层的垫，（20世纪）80年代以后都用打夯机打，以前就是用石杵，也要看工程量大小，要夯到比我们这个窑洞拱券高，总的厚度至少1米，不够1米下雨就容易渗水，现在有条件的话窑顶上用砖头再铺一层，把雨水排出来，这个就看主家有没有钱了。

问：除了覆土还有其他的防雨措施吗？拱券能承受得了吗？

答：没有，土越厚越不容易灌水，土越厚压得越紧、越结实，这和两边的这个边墙有关，两边的边墙起码五尺宽，一米五左右，锢窑一般都是2尺4，现在是三尺多的，中间的窑腿两尺，这也不一样，这得看地形。

问：拱券砌完了以后是不是要合龙口？有什么仪式吗？

答：是的。仪式就是主家就是把黄纸、对联、礼炮准备好，先贴对联，之后鸣炮，然后烧香。主家朝着窑洞跪着，你在旁边说吉庆话，“一撒金二撒银三撒摇钱树四撒聚宝盆，五撒五福临门六撒六六大顺七撒七子临门八撒八仙过海九撒九天仙女十子团圆”，就是这十句话，念一句撒一把糖、枣、花生、烟、钢镚之类的，都念叨完了把最后的这块砖头放进去，这就合了，亲戚和邻居们都来看了，最后也要摆酒，请工匠们吃酒，上完酒了就开饭吃饭。开工的时候也要放炮，家家都这样，动土的时候也要念叨。

问：您说（20世纪）80年代以后开始才建花栏墙，以前没有吗？

答：财主家也有，比较少，基本没有。现在有专门做的。花栏墙分很多种，工匠有几种做法，主家听完后选一个样子，过去就是谁家想修个啥样的，主人如果没见过的话，工匠就现场拿几块砖垒一个，选一个。

问：那我们一开始的檐口有几层？

答：一般是二尺七到三尺，不超过一米，就是60公分到一米。

问：花栏墙跟窑顶之间出檐的厚度是多少？

答：看窑券和窑坪中间的这个厚度，如果有一米厚，檐就向外探1米，如果是两米，探一米的就顾不全了，简单的一米就行，高档点的就探得多点得。第一层一般是探一寸三公分，第二层比第一层多三公分，第三层又要多三公分，材料不一样的话，有三层、五层，也有七层的，层数越多，就越费料费，但最少是三层，三层只能保护到券顶，防雨的话，保护不到门窗。一般财主家要么做得高一点，要么外面就直接做一层厦檐，有石头挑出来担着一层厦子，那个就叫无根厦檐，普通的探出来的叫封火檐，石板挑出来的，做不做厦檐也跟经济情况有关。

问：厦檐对房屋的采光有没有影响？

答：这个也要看出檐的深度，出檐又要看主家给的材料有多少，出檐越远费用越高，一米的椽子的费用肯定是要比60公分的贵。

问：厦檐的坡度怎么控制的，和花栏墙是怎么衔接的？

答：厦檐的坡度有5寸，一般的是3寸，这也是为了排水，厦檐的椽子伸到后墙上去，椽子下面有根木头是入墙的，上面有个横梁，最后瓦放在上面。

问：无根厦檐就是靠挑出的石条来承重的吗？无根厦檐比较多是因为什么？

答：对的，石条承重，西湾那边就是这样的。临县当地木头少，都是从外面拉来的，以前也是，木头一般都是椿木的，椿木比较好，价格也便宜，但是臭椿木不行，杨木和柳木用的也多，当地枣木多，但是枣木不能用来做柱子。

问：无根厦檐的石条是谁来雕刻呢？有纹样吗？

答：石匠来做，有刻兽头的，有刻云朵的，大部分都是刻云朵的。云朵的那个比较整工整料，兽头的就比较费工。财主家一般都是三个云朵的，兽头的一般少，李家山没有，要是刻复杂的还得去请陕西的工匠来，人家是专门做这个的，石狮子啥的都行。

问：锢窑的室内是怎么处理的，需要抹面吗？

答：用土跟白灰，里面有“麦鱼鱼”，就是小麦的那个壳，就像一条鱼一样，能糊在墙上，现在不用这个了，现在用“麻刀”，光用土跟白灰不行，会裂缝，也会掉，最后还要再抹一层白灰。

问：窑洞里的这个炕一般都是这么布置的吗？

答：有两种，一种就是横着的靠窗台的这种，我们叫“正炕”，在窑洞的里面，冬天比较暖和，还有一种就是竖着的，叫“斜炕”，靠近窗户，夏天比较凉快，各有各的特点，都连着灶。我们的炕长一般是1丈，宽5尺5到5尺8，那就看主家了，身子高大的就要5尺8的，要不伸展不开，高就是1尺8，按照砖来数，里面是9层，外面是10层，窗台是13层，有的图省料，砖也会竖着放，一层顶两层，就能省一半，有钱的上面多的那一层砖用木头的，没钱的就都是砖的。

问：那排烟道怎么布置呢？

答：排烟道是直排的，从墙这里直接通到窑顶，正炕的话它里面有那个“回游洞”，在炕里面是盘起来的，这边再一个烟囱上去，灶台这边是个直洞，这面有个烟囱，后面又有一个烟囱。

问：烟囱是先砌起来，还是在砌墙的时候预留出孔洞？烟囱的尺寸大概是多少？

答：烟囱在修窑腿的时候就留好的，不影响承重，这些不重要，重要的是烟囱必须要直，不能大一下小一下，不能歪，更不能裂缝。一般就是6寸，20公分的方洞，砖要立起来，从外面看不出来的。

问：除了烟道，窑洞内还有什么通气口，通风口之类的孔洞吗？

答：窑洞里面的通风口就只有门窗上最上面的那个孔，叫“气眼”，就是排气孔，烟啊气的都往上走。

问：炕底下除了烟道是空的，其他地方是实的吗？

答：都是实的，炕里面走两个烟道的话，周围基本上就都填满了。

问：整个窑和门窗是什么关系呢？木匠怎么来安装这个门窗呢？

答：窑形定了以后才能做门窗，要不然放不进去，窑修好后木头就开始下料。先安装横的，这个叫“皮墙”，八字劈（壕）分开后，按照这个横叉，把主体定好，先把平的线定好，然后再定上面两个小的。

问：安装门窗时窑腿上或者窑券预先留孔了么？

答：都是现场砸开的，石窑就留孔，砖窑就不留，现在的容易了就机器一两下就能弄个洞出来。

问：门窗的尺寸一般是多少？

答：一般门宽4尺，1米2左右，一扇门差不多60厘米，现在也有那种一扇门的窑洞，那种就是宽1米或1米1。

问：门窗的组合一般是固定的还是有样式的？

答：基本都是固定的，窑洞1丈多高，门高就要3米了，组合样式都是先从主体开始，从宽的到细，样子都是木工选的，再由主家决定要哪个，每个窑洞的门样都不一样，一孔窑洞一个样。

问：石匠和木工之间需要商量吗？

答：也要听意见的，尺寸都是不变的。

问：门窗最后要上漆吗？

答：不一定，得看主家条件，上漆好看，也能保护门窗，防雨防虫，不过上漆的保存时间也不长，大概有个十几、二十年，到时候也会脱皮，不上漆的一般情况下三四年木头就会变黑有花纹了。上漆也都是上本色的，黄颜色或者蓝色的，以前有讲究，有钱人家的瓦是黑的，墙是红的，里面门窗都是黄的，但是庙门就必须是红色的，普通人家还是以黄色和天蓝色为主，现在的装修就考虑得多了，室内都贴地板砖，有的人家室内家具都是一样的颜色，这个就看主人了。

问：门窗怎么防蛀呢？

答：这个不用担心，首先虫子不蛀死的木头，而且虫子也不来咬有人住的房子，有太阳能晒到的，不在阴暗潮湿的地方的，虫子也不会咬。

问：门窗的纸是怎么来的？这个纸怎么粘贴在门窗上呢？

答：这个有专门卖的，赶集的时候就能买到，纸厂专门就有这个。纸买来后用糨糊粘在门窗上。糨糊就是白面和水做的，比面汤要稠一点，一茶缸面大概要十几茶缸水，不费面，黏稠度就跟烙煎饼的那个面糊差不多。

问：那门窗上有什么雕刻和装饰吗？

答：有个喜鹊、蝙蝠、石榴、万字、钱币啊，什么的，题材很多，也有一些寓意。都在窗棱上，四面都有。

问：门窗弄完了，地面是最后收拾的吧，怎么铺装呢？室内和室外有高差么？

答：一般不处理，要么就铺砖，铺一层，或者打水泥。室内外高差有点，室内10厘米，室外就15厘米，大概这样，门槛也就七八厘米吧，先找平，再夯平，这本身都是原土，也不用动，有钱人家的门槛就高，没钱的门槛就做得低，你看住宅的大门就是这样，气派的有钱的都有高高的门槛。

问：院子是怎么设计组织的？以前的合院的院子怎么布置？

答：一家一个样，有的院子就是土的，有的用石头垒，条件好的就用砖砌，老院子都是整整齐齐的。

问：盖窑洞的土地是自己的土地还是村里的，要经过什么程序申请？

答：一般都是祖上留下来的自留地，新建的话就是买地。现在村里土地确权，土地有限制，按宅基地来。如果和别人的地挨着，地不够了，你可以用别的地跟别人换，互相协商。

问：石匠都会用到哪些工具？

答：錾口，锤子，你等我给你找来看看。（爷爷在室外演示了工具的用法，最后拍照之后结束了访谈）

2.西湾村陈俊万

采访时间	2016年8月19日　下午5:00
采访地点	山西省碛口镇西湾村
被采访人	陈俊万
出生年月	1963.12.13
工匠种类	木匠
祖籍	西湾村
采访及整理	韩丽君

问：师傅您好，请问您祖籍就是西湾的吗？

答：对。

问：您是从什么时候开始做木匠的？

答：从20岁高中毕业的时候，当时没有考上大学，就下来学个手艺，喜欢木工。

问：您当时学习木匠拜师了吗？有什么仪式吗？

答：嗯，有拜师，但是没什么仪式，学了3年，师傅是临县三交镇杜家岭的，叫吕兰青，师傅是大木匠，现在已经不在世了，80年代那时候，就学习做门窗，流行打柜子、衣柜、平柜和立柜。

问：当时跟着师傅学习，所做的工作是按照学习计划还是其他什么形式？

答：一般都是师傅有什么活我们就跟着干什么活。都是住在主家，大概四五个学徒，一起学3年。

问：当学徒的时候有报酬吗或者要交学费吗？

答：没有，就是主家管吃住，年终下来给件衣服，第二年的时候师傅给个零花钱，第三年结束的时候师傅就给一套工具，自己开始谋生计。

问：您出师以后自己也收过徒弟吗？也是三年出师吗？现在他们还从事木匠吗？

答：收过四个徒弟，说是学习三年，基本上两年就能出师，只要能学会了这一套技术，自己能应付得了就可以出师了。现在他们基本都改行了，年轻人哪还有干这个的。

问：大概从什么时候开始跟您学习木匠的人就少了？

答：（20世纪）90年代就开始少了，那时候流行装修，2000年的时候流行铝合金类的，木工的活就不多了，之后几年搞旅游开发，木构瓦房又开始流行起来了。

问：当时您学习的时候是只学习木匠吗？还是相关的工种都会涉及？

答：木工的就是木工的，也要跟瓦工打交道。

问：您当时学徒的时候工匠有多少人？

答：我们那时候光木工有20多个工匠，全部加起来估计百八十个人，（20世纪）80年代包产到户以后，主要的劳力基本都以打工为主。

问：年代近了以后建这种木构瓦房的多吗？

答：就是近些年为了搞旅游，搞复古，会请我们回去做。

问：您在这里做过哪些建筑呢？

答：碛口黄河宾馆那十三间房子，就是我们承包以后给他盖的。

问：您觉得现在新建的这种仿古的建筑怎么样？

答：现在的工艺比起过去的老房子显得粗糙，主家给的工钱在那，不会很多，用料差不多，但是没有以前那么精细，以前的主要是手工比较精致，现在的都是机械化施工了，但是也不要求什么雕花镂空的，很多部位造型上你看起来是跟以前的一样的，实际上结构都变了。

问：您在包揽这个工程以后，准备流程是怎样的呢？开工有什么仪式吗？

答：我们是加工门窗，刚开始就是组织工人，找风水先生，选好地以后，就放线准备开工。起梁的时候有一点仪式，悬梁以后大梁上面搭块红布，放个鞭炮，点个香，烧个纸，吃个饭，就这些，有个合龙口的在后面有仪式。

问：风水先生都做些什么呢？

答：风水先生就用罗盘，看看你是盖正房还是偏房，朝南还是朝东，看这个字定方向，方向定好了以后，木工把这个尺寸一量，长是多少，宽是多少，几方，盖几间房子，三间房的话就要四根大梁八根柱子，需要什么材料，料单开给主人准备材料，料开足了也行，后面再补也行。

问：大门的朝向和角度风水先生是怎么定的呢？

答：东面的大门，西面的茅厕，左青龙右白虎，这边没有正正方方的正南的门的，一般老百姓都是东南面开的门，如果实在是因为地理位置必须正南开门的话，那里面要有个照壁，正南正北的一般都是政府衙门这样的，天下衙门朝南开。门有大小，按照易经的说法，门上风水有八个字，财、病、礼、义、官、轻、害、本，四吉四损，这八个字就能定门的大小，一般老百姓的门就走财字门和本字门，但小的窗户的大的风门，一般是官字门和义字门，古代以前的门都能达到2米宽了，那是风水先生定好的，什么方位做什么门，什么门是什么尺寸，后来（20世纪）80年代以后这门都变窄一些，1.8米到1.87米了。

问：材料准备好了以后怎么做？

答：买好木料以后就组织工匠，工程大的话就几个大师傅一起合伙带着工人和徒弟一起加工，先起梁，柱子搭起，大梁一上，弄好以后，瓦工过来把四面的墙砌起来。

问：盖木构瓦房需要多少个工种配合？

答：木工，瓦工。

问：开工之前有什么要注意的吗？

答：除了风水上的就是注意个人安全，尤其是起梁的时候，大梁悬空以后要拿柱子顶着，用人字架架起来，现在用个三脚架就能把这个大梁倒立悬空了，明柱一顶，拉杆一拉，大梁就不会倒了，大梁完了以后就上童柱，把檩子上了以后上列柱，底面有垫木。

问：您当时做这个木匠施工的时候需要画图纸吗？

答：我们大体画一下，宽度是多少，深度是多少，肯定是不是像现在这样的标准制图，再画些门窗的样子，主人来选。

问：木工修门窗和构件的时候用的尺寸是按照什么单位来修的？

答：单位就是尺，后来改成厘米，木工用的木工尺，正常的一尺是33.3厘米，木工尺还差五分，一尺相当于是9.5寸。

问：怎么控制构件的标准和质量？

答：木匠做的时候务必要控制好这个“木桥”，口子开多少尺寸，模子开多少尺寸，这个叫“严丝合缝”（木构的榫卯尺寸相合，看起来没有接缝），缝就是板与板之间的乍缝，好的木工在乍对缝的时候丝毫没有缝隙。

问：开工后先挖地基吗？

答：嗯，地基是瓦工的事。

问：木构瓦房的地基和窑洞有什么区别吗？

答：没有区别，挖开壕以后用三七灰土填实，再夯实，挖多深要看土的硬度，填好以后就开始起木结构了，先起大梁，大梁悬空后立明柱，之后就可以砌墙了。

问：大梁是什么形状的？怎么和明柱搭接？

答：大梁都是方的，四面是方形。明柱上有卯，大梁有口，和明柱相接，正面看和背面看明柱都是圆的，在和门窗搭接进入墙的时候是平的。

问：明柱立起来以后，接下来做什么？

答：明柱用三脚架固定，固定好了以后，一个梁一个梁的上好，拉成一体，上面开始上童柱，列柱，列柱上完以后开始上檩子，檩子上完以后上椽子，然后有的瓦房上面“上飞”（飞椽），有的上有的不上。

问：椽子上面是放什么？

答：那个叫砧板，一段一段的，有宽的有窄的，按厘米算就是1.7厘米，按尺算就是5分，平铺在椽子中间，用钉子固定，穷人家喜欢用的叫“毡”，当泥的一个东西，毡上了，才能上瓦，条件富裕的都用砧板。放完砧板以后，正规的话要先上一层白灰，也叫硬泥，把砧板上的缝和不平整的地方弄好，弄完以后就是正脊，正完脊以后就开始上瓦，上瓦就是砧板上上泥了，把泥扣在瓦上，从那个口檐，先上片瓦，上到脊梁上，沿着弧形铺瓦。

问：盖这个木构瓦房首先要确定的最基本的构件尺寸是什么？

答：主要是这个樘子的长度，风水先生定好位置以后，根据地形确定这个进深和开间，进深一般三四米，宽2.2米到2.4米。

问：木构的屋顶下面的结构有举架吗？

答：这个房顶是有弧度的，弧度就看这个柱子竖多高，三、六、九这样，按比例，看整体。民间有口诀是“脊一溜开瓦，脊二跑开马”，意思是从正脊往下的这一节比较立（陡），放上瓦就滑下来了，下面这一节就比较缓，基本上看起来是平的，但是还是有弧度的，不是直的，现在的盖的瓦房不考虑这些都是直着下来的，变了原来的样子了。

问：这个弧度是怎么确定的？

答：看出水是一出水还是两出水，看这个出水的高低，多少的角度。当时木工熟了都靠眼力的，不过也有方法，用麻绳吊一下那个弧度就可以，但是绳子放长一点弧度就大了，短一点弧度就小了，所以也都不一定，多数都是靠眼力看。

问：当地的木构瓦房上面的梁一般都是露明还是做个天花的？

答：这个房子刚开始建起来的时候，还能看见椽子、檩子和樘子，过去的房子用那个木架，木条，四方的，再用麻纸盖上三层到五层，你就看不太出来了，有的地方，比如客厅或者大门，可能会弄那个天花板，那是木工做的。

问：那这个方格的天花是怎么搭建的呢？

答：和现在的吊顶一样，先弄那个木方格子框架，搭在樘子以下，四边搭在门窗和墙上，再把木板放进去，一般一个方格有40厘米×40厘米的，也有50厘米多的，看房屋尺寸大小和造型，木板上一般雕生肖或者龙凤、喜字、福字，各种图案都有。这个天花有个好处就是挡尘，美观，也降温。

问：木构件搭好以后，明柱的柱础是落在地基上的吗？

答：嗯，地基上。地基上面垫块石头，让柱子落下来的受力面积变大，上面再放石鼓，明柱就落在石鼓上。

问：柱础和柱子、垫石都是直接落上去的吗？有没有什么接口和样式？

答：对，有的石鼓是平的，柱子直接落上去，有的石鼓上有个卯，和柱子相接就能卡住了，石鼓的样式很多，那就看主人家经济条件了，富裕的话雕个花，刻个图案，费钱费工。靠门的石鼓和门槛相接的地方要开槽，木头再插进去，这个叫“门底线”，窑洞的门框平的叫“平墙”，竖着的叫“立墙”，圆框叫“圆墙”，这里面是“斗底窗”，圆框顶上叫“木梳背”，这上面有气眼，形状有各式各样的，天窗的这个位置叫“天窗墙”，窗子下面叫“窗底线”。

问：柱子立起来以后开始砌墙吗？

答：木结构搭好以后就开始上瓦，上瓦之后砌墙，木工安门窗。

问：门窗的构件尺寸都有哪些？

答：有个口诀，“尺八锅台二尺炕，三尺窗台四尺墙，尺二皮墙往里靠”，口诀是这样念的，但实际尺寸不一定，比如明柱厦檐或者无根厦檐，一个是要保护窗户，窑洞浅的话这个尺二就不一定，可能就不需要尺二这么深。（20世纪）80年代到2000年的时候，就没有建厦檐的了，门就往里一点，这个墙就深一点，大概有一尺四五，为了保护窗户。

问：木工是怎样组装门窗的？

答：先立框，再组装门窗，各家的门窗都不完全一样，样式很多，加工门的话，我就给你画个门的样式，比如“腰三榥二”，中间三条框，上下两条框，这是门上的图案，中间是个腰板，底下叫装板，有3寸，这个门的造型基本都是这样，有正方的，有斜的，方的这个叫风调雨顺，但是柳林那边都用斜的这种，角度有60°，现在都是想弄个多少度就弄多少度。

问：门窗的角度要用什么工具测量呢？

答：木工用斜尺，以前木工就是讲“五一二寸九，路线遍地走”，类似于这个勾股定理，虽然角度不一定是个正好的60°，但是做出来的窗户是正好的60°，方的这个就三交口，这两个一个阴口，一个阳口，这也比较费工。

问：工钱是按天算还是按工艺难度的成品算呢？

答：造价先跟主人家商量好，老早以前“七门八窗”，做一个门要7个工，安一个窗要8个工，总共下来一扇门就要20个工，拿现在的人工来算一天就要200块，做完要四五千，可是实际上，主人不可能给这么多钱，因为还要材料钱，所以就要减工，一个门可能也就三四个工，（20世纪）60年代比80年代的窗户更简单，年代不一样了，样子也不一样了，那个时候比较贫困，窗户格子大，窗棂也小，比较简单，什么材料都行，比起明清时候的门窗早就变了样。

问：窗户和格扇除了这些构造上的样式不同，有什么雕刻吗？

答：除了大门上，一般也就窗棂上有，各种图案都有，圆贯钱、梅花、莲花这一类的，要么自己画个图案，要么主家说你给我做个谁家那样的，以前都是手工加工，现在都是机械化了，我学手艺的时候（20世纪）60年代正是贫困的时候，没有什么人家做那些复杂的雕刻，也就近几年加工这些个东西，碛口镇这一带这些年修那个仿古建筑。

问：室内的门窗雕刻都有哪些步骤呢？

答：先把原木截成板材，用刨子把板材截成单料，就是有长宽的构件，用笔画出来哪里有卯，哪里有“叉劈”，再拿锯子，用凿子、斜刀、直刀这些工具开卯，然后再组装。

问：好的，木匠当时打磨材料和门窗都要用到哪些工具呢，现在还用吗？

答：用呢，刨子，有长刨，短刨，一般40厘米的就是个中型刨，能把这个料刨平整，“乍缝”得用长刨，50～60厘米，宽差不多，比长刨长，一般是把两块木材拼到一起，乍好以后“严丝合缝”也很结实，具体的也要看做什么木工活，做门窗和做棺材的用到的工具就不一样。

问：那现在新修的仿古建筑也需要木工去做雕刻吗？

答：也是要木工，虽然是机械化，分工还是很明确，只是工具更方便了。

问：您在做雕刻的时候都有哪些步骤呢？

答：首先根据你要刻的东西选好材质，木头的就是木工来刻，石头的就是瓦工石匠去刻，如果是门匾，就选樟子松，那个软，松木的重力也很大，如果你要加工旧匾的话，就用那个黑桃木，这个木材细。木材拿到后先烘干，防止木材以后变形、裂缝，选好木材以后，就是刻字，古时候都是那个举人、秀才题字，写下来或者印上去，现在拿电脑上打出来拿胶带粘上去直接刻就行，现在的黄河宾馆的匾也是我刻的。现在比以前快得多，机械刻完了以后也还是要手工一部分。之后再刻字，上漆，以前都是用桐油，现在都是清漆，跟过去不一样。

问：20世纪四五十年代建的这种木构瓦房装饰性的东西多吗？

答：不多，一直到（20世纪）80年代都不多，那个时候古代的房子就不再盖了，窗户都从这个木的窗户变成玻璃窗，再变成铝合金门窗，然后是塑钢，最后是板墙，古代的那种做得很少。

问：也就是说民国时期至（20世纪）80年代村里的建设活动比较少，即使有，也都是简单易操作的，主要是跟当时的社会背景有关系是吗？

答：是，（20世纪）三四十年代又打仗又贫困的，只有富豪乡绅才能修得起这些木构建筑，后来又“土改”，“大跃进”，“文化大革命”，好些寺庙的雕刻什么的都被捣坏了，哪里还能建新的弄复杂的这些。现存的都是以前的老房子，西湾过去的老房子一部分是自然倒塌，另一部分是饥荒年代，主人为了填饱肚子把大梁、砖墙、门窗都拆了然后卖了。1938年1月25日，日本人来侵占西湾，实行“三光”政策的时候，也毁了一部分，到后来“文革”时期，也毁了一部分，这个绣楼院之所以还保留得比较完整，是因为“文化大革命”的时候砖雕的地方都用泥糊住封上了，抗日战争的时候日本的司令也住在这里，计划下次再来，那次就没有毁掉，不然也就都不存了，日本人来西湾侵占过七次，最长的一次20多天。

问：西湾经历这么多次浩劫保留下来这么多优秀的历史建筑，是不是当时也是由于西湾以前比较富庶庞大？

答：当时临县，包括碛口镇离柳林不远，也算柳林的，流传这么一句：“柳林子有银子”，意思就是柳林这个地方很富裕，家家户户都有银子，以前这是个码头，很多货都从这走，留下加工什么的，比较富裕，还有上游有个青塘也比较富裕，当时都是“上青塘，下西湾，好汉百家山，好姑娘李家山”这么讲的。

问：师傅到什么时候就不做木工了？

答：2003、2004年就不做了。现在就以这个旅游产品的木雕为主。

问：您现在做的是木雕，您是怎么从大木作转变到这样精细的手工艺的呢？

答：我这一生，原来是木工，出师以后打过家具，做过门窗，卖过门窗，卖过家具，后来贩过木材，从交城，包括装修，（20世纪）90年代在太原做过装修，后来西湾搞旅游，我也就回来了，就不出门了，自己开了这个木艺铺，卖工艺品，一是省力省料，二是这个收入也比较可观，很多都是按我自己的想法做的，这也算是一种创意吧。

问：好的，那就采访您到这里，谢谢师傅。

答：好的，不客气。

3.碛口镇白根应

采访时间	2016年8月20日 下午2:40	
采访地点	山西省碛口镇	
被采访人	白根应	
出生年月	1954.10.2	
工匠种类	泥瓦匠	
祖籍	碛口镇	
采访及整理	韩丽君	

问：您祖籍就是碛口吗？

答：对，我生在碛口。

问：您是从什么时候开始学这门手艺的呢？

答：1978年，6开始学的。

问：您主要从事哪个方面的工作？

答：瓦工。

问：您学了多久，拜过师吗？都会做哪些项目？

答：没有特意拜过师，跟着干就学会了，窑洞、瓦房都会做。

问：听说您是临县的非物质文化遗产继承人？

答：是的，有人以前采访过我，也是关于这个窑洞怎么盖的。

问：盖窑洞的大致流程是什么呢？

答：先从地基开始，把它从由低处到高处慢慢建起来，在地面保持水平的前提下，用钢筋捣几锤地面测探一下，轻重要一样的，为了看土的软硬是否一样。因为修窑，房顶的压力比较重，石窑会下沉，地形也会沉降，如果一头软，一头硬，窑洞会倾斜就容易倒塌。如果在旁边新建一个窑洞的话，地基就要比先建的要低。挖地基的时候，挖个1米，填三七灰土，三分白灰，七分黄土，再把地形夯起来，喊着口号："哦呀，哦二，哦三呀么再来喳"，几个人用绳子抬起来打夯，然后找好水平，就可以开始盖建筑了。

问：地基打完以后直接开始回填石头，还是先夯土？

答：看情况，太深的地方那就是填土了，快起来的地方用夯打，越瓷实越好，填了虚土或者干土以后，灌进去大概一尺高的水，水慢慢地渗透进土里，这个泥就实了。一般的话50厘米到1米就可以了，地基要是结实或者是在石头上，就地就能建，不用打地基。

问：如果挖1米深的地基，需要怎么填土？

答：农村盖的建筑，就是挖上个二尺多深的地基，之后填三七灰土，从底下开始夯，20厘米夯一下，这样整体就比较结实。两个人的话用20厘米的柱子夯，四个人的话用50厘米左右的夯，绑着绳子，喊着号子"哦呀，哦二，哦三呀么再来喳"，这样的就是50厘米高的时候夯一次就行。

问：现在夯地、挖地基还有仪式吗？

答：现在没有了，跟过去不一样了。地基夯实就开始建筑了，先砌窑腿，再砌拱券。

问：地基建好以后，接着怎么做？

答：用水平管放线，把空气排掉以后，拿个杆子，拉上根工程线，就开始放线了。低处决定高处，先定尺寸，技工会大体地画一下。

问：地基平整以后，先砌窑洞的哪一部分呢？

答：先砌窑腿，有宽的有窄的，一般的宽的2尺，六七十厘米，也有1尺8的，不能太窄，不然会挤垮。平房的话二四墙就可以盖3.3米。

问：建完窑腿再建哪个部分呢？

答：先灌面子墙，匠人先拉好面线，在起止的地方放上方尺，往其他方向的就都是水平垂直的了，就可以砌窑腿了，再砌后墙，再筑起拱券、窑顶、花栏墙，最后砌窑脸。如果面积不够了，可以跟邻居商量借他的地，你再从别的地方补一块地给他，或者买他的地。

问：窑洞的拱券怎么砌？

答：首先在窑腿两侧搭起砖，上面架木头与窑腿齐平，木头上面放砖头做二道梁，二道梁上面架三道梁，后面也是一样，再用木头从边上沿着两个模架搭完。

问：拱券的造型都有哪些？

答：有的人喜欢鸡蛋形的，有的喜欢箩榷形，这个看你喜欢哪个造型。

问：我们这个砌的砖窑还是石窑？

答：砖窑和石窑都行，石头大一点，砖小一点，每块大小都差不多，一般是九六石头，长九寸，宽六寸，高六寸。石头的大小基本上都是一模一样的，按照造型垒起来。按照这个弧度，在前面挂一条线，慢慢地砌起来。墙两边竖上杆子，中间拉上根直线，然后钉上钉子，拉出来面线，来回地抹，有收分，因为墙是直的，到了修旧窑的时候，要往后退三寸五寸，看着是个圆的，其实是往里面斜的。

问：拱券的石块或者砖之间的缝隙怎么处理？

答：这个拱券，先建一半，再从另一边开始砌，先砌泥。在拱券的石头之间抹泥，上面多，下面少，上宽下窄，石头就不容易往下面滑，上泥好看些，就算不上泥，它也不会倒。最后宽的地方就最后用泥糊住，把它灌满，等干了以后，撤掉模子，上面大下面小就不会塌。

问：这个受力的这个过程叫什么？

答：拱券往下沉降的时候会越来越紧，这个就叫合顶。拆模子的时候先从上面抽，合了顶干了以后，在旁边的那边的叉再起一个，中间务必要撑住，快到顶的时候挤住了就能拆，要是一个的话，就是把窑腿的一边砌起来，这样就能抵住它的这个受力。

问：我们还有其他的方法做这个模具吗？

答：有，其他的就是也要筑起这个平砖，从后面拉起根钢管或者木头，做一个半圆形的形状，这个东西叫拉牛子，这个的优点就是省事，不用搭梁，撤的时候也不用掏底下的东西（指填充的石头和砖），把它底下用棍撑着，以后是要拆掉的，前面一个后面一个。两边都有，建完一边就可以抽掉往后挪，但是面子墙的那圈券要拿砖挡住另一边，要不然还撑不住拱券。两边砖头压住，这样模子拆掉，拱券就不会往下掉。

问：那半圆形的模子什么时候能拆呢？要等干了以后吗？

答：不用干就能拆，这个叫窑券，模子拉出来就行，上边宽下边窄，它就不会掉下去。

问：两个窑洞建起来以后，中间的那个叉怎么填？

答：叉里面都是土，只有外面是石头，石头大概四五十厚就可以了，要是薄了，里面的土时间长了往下沉就会把外面的石头撑开，要是筑上六七十厘米就不会。里面填的土就夯实就可以，夯到窑的券顶就可以了，到顶上了就不能硬夯，踩实就可以了，窑顶上面还要填上十几、二十厘米，轻轻地夯，第二次就能使劲夯了，大概四十厘米的时候，试试结实就可以了。窑顶铺完以后开始铺房顶，把水道什么的留在外面。

问：铺房顶都有哪些做法？比如说要填什么土，防水，排烟什么的。

答：农村里，一般上面覆到1.5米到2米厚的土夯实就不管了，下雨都能受得住。窑顶上面覆土之后铺什么都行，有的用黄土，三七灰土夯实，下雨水自然会排出去。讲究点儿有钱的就铺上层砖或者石板，把缝一勾，把水道留在底下，水也就流下去了，这样就算完成了。

问：窑洞的屋顶有坡度吗？坡度一般是多少？往哪边倾斜？

答：有，坡度当然是越陡越好，但是窑洞一般就是1米低2厘米，2米就是4厘米。方向就要看水往哪边流了，有的不能往院子里淌的，水道就不能往院子里倾斜，就得往后面或者旁边倾斜，一边是往旁边和后面，因为往前水会流到窑面子上，人走也不方便。还有一种迷信的，就是院子朝向哪，它就是往左右方向流，也有说是往南就是聚财。

问：那么院子里的排水组织是先规划好的吗还是建完房子再有的？

答：先建房子，再建台阶，再建院子，屋顶的排水和院子的排水不冲突。

问：临县地区这种明柱厦檐高圪台的您也会吗？

答：会，这个厦檐就是瓦片的屋檐，明柱就是外面的这一排柱子，高圪台就是台阶。

问：那明柱厦檐高圪台的建造过程是什么样的？

答：把窑洞做好后，先把柱子竖起来，墙里面有柱子，厦檐就是由樘子、檩条、砧板、椽子组成的，椽子放单不放双，生旺死绝四个字有忌讳，一般是2米11根椽子，五公分一根，从中线开始算。然后铺大概一指宽的砧板或者棍子，长短都行，上面铺泥，泥是用三七灰土调湿的，老辈子要把泥调一个月，先用水把白灰和在一起倒在土上，过十天半个月以后土干了，再把它敲下来重新开始再调一次，这样的泥比较结实，黄土比较沥水，不会渗水，比现在的洋灰还要好，现在的人不管，马上调起就用。最后上面放瓦，一米七个瓦，瓦有宽的有窄的，一个压一半，把缝子一钩，干了以后拿白灰和河麦（麦秆），再抹一层灰，弄起来就是灰灰的瓦片很好看的，就完成了。

问：好的，谢谢您。（利用师傅午休时间采访的，师傅下午还要盖房子）

4.碛口镇崔抵全

采访时间	2016年8月20日 下午4:00	
采访地点	山西省碛口镇	
被采访人	崔抵全	
出生年月	1947.12.29	
工匠种类	泥瓦匠	
祖籍	碛口镇	
采访及整理	韩丽君	

注：通过访谈，临县关于工匠技艺传承的拜师部分已经简化，“师傅”和“师父”的概念已经没有明显区分，拜师的门槛也非常低，所谓的拜师多数泛指比自己年纪大些，或知道的比自己多些，并

能带领自己学一些技能的人。因此，此处口述的“师父”均以“师傅”代替之。

问：您是碛口人的吗？祖辈和父辈呢？

答：对，我父亲十五岁左右就到了碛口。

问：您之前主要是做什么工种？从什么时候开始的？学了多久？

答：我是瓦工，大概从12岁开始跟着我师傅打工，学了六七年，十八九岁就出来自己干了。

问：您出师以后主要做什么工作？

答：在附近修些房、窑洞，一般是别人来找我。

问：您之前拜师的时候是怎么拜的？有什么仪式吗？怎么找到师傅的？

答：也不是认师傅，就是跟着人家打工，时间长了以后，老师傅就说可以教我这个手艺，没有专门去拜师。

问：师傅听说您后来去太原了，现在也定居在太原，只是偶尔会回碛口一趟是吗？去了多久了？

答：是的，那时候去太原干活去了，也是干瓦匠，有二十多年了，是在一个河南的工队里干。

问：我们之前去过李家山，有位老工匠叫李海友，听说跟您一起当过学徒？

答：对，我们以前叫他“骆驼”。

问：你们是一起学的吗？

答：不是，他虽然年纪比我大，但学得要晚一些。我们是一个村的。我爷爷以前是李家山人，我15岁以后和父亲住在碛口，当时我父亲过来以后在当地的供销社工作，后来压缩人口，他们动员我父亲回农村种地。我父亲当时年轻，就回去了，后来，在李家山呆了一两年又去了对面的河南坪种地（河南坪是附属于李家山大队其下的一个小队，第九个队）。

问：您除了做泥瓦匠还会别的营生手段吗？

答：不会，就专门做这个，包括瓦工，修建窑洞和房子，黑龙庙屋顶上面的片瓦，我们也补修过，大概是我十五六岁的时候，很久以前，那时候我还没出师，我们几个学徒扯一块布子，泥盛在泥布上，拴两根绳子上，这样吊起来，师傅在房顶上修瓦。那个时候用的是土办法。

问：那您当时修的是黑龙庙的哪个部分？是翻修还是重建？

答：翻修的是黑龙庙那个戏台，大部分瓦片都毁了，但是木结构没坏，我们又重新补修的，先把坏的瓦片取下来，再把新的瓦扣上泥再安上。

问：新上的那个泥是跟原来建筑用的泥一样吗？以前的泥是怎么做的？

答：这个泥是一样的。5月份开工的话，2月份就把这个泥拌好，把白灰、黄土用水拌匀，挖起个小山堆，一半水一半泥，调成像吃饭的那种糊糊就可以了，调完之后，把泥在中间堆起，堆成个圆的疙瘩，中间挖个坑，里面倒上水，要养这个灰，养个百十来天，水没有了就接着倒，需要用的时候就拿锄头从外面刮下来用。

问：用的时候泥是干的么？

答：用的时候是干的，其实在第一遍就把这个水分都养在泥里了，用的时候用锄头勾下来，打成像馒头面一样就能用了，这样做是为了挂瓦的时候泥不变形，更加坚固。

问：泥就只用灰和土，不用掺别的，然后就直接铺瓦吗？

答：对，如果再细致一点，就在泥上再铺一层白灰。

问：那怎么挂瓦呢？

答：先铺泥，一瓦7厘米宽，厚度大概3～4厘米，竖着一竖条一竖条的铺，正脊底下接瓦口，把瓦口的脊先弄好，然后两边扯上工程线，用墨水在那个一瓦宽的地方印一下，先量上面，再量下面，这个瓦就按这个点往上铺，每块瓦伸出七八厘米。

问：那个正脊的瓦是正好扣在底下的瓦上吗？正脊底下是空的吗？

答：对，是空的，大概有3厘米吧，在里面铺上层泥，正好扣在底下，只空着一点，底下是实的。

问：正脊下面是椽子和檩条吗？是怎么在上面铺瓦的？

答：是，正脊底下铺的是椽子，交叉起来的，椽子铺上，把毡棍铺在椽子上，再铺上一层泥，再把瓦放上，毡棍铺成平面，再把椽子摆上去，把泥抹上对接好以后把瓦直接盖上。

问：在屋脊处，毡板上面需要铺泥吗？瓦跟毡板怎么贴合到一起呢？

答：铺上泥，然后再一行一行地盖上去，古时候是先弄脊瓦，先摆上口形瓦，再摆板瓦，底下用"不泥条"（防止泥滑落，应该是挡板）。毡板上先摆一个瓦口，再摆一个跟它反扣，在中间放一个口形瓦扣在这上面，扣一半就咬住了，在正脊的筒瓦和平瓦下面中间有几层是横着的口形瓦，外面的两个是"抱瓦"（板瓦），平了以后再摆上脊，然后边上再放兽。

问：那我们怎么放线呢？

答：瓦摆好了以后，用两根长度一样的线绑着木棍，染上墨汁，在空地上插上，插了以后在泥条上画上字，上下一样，瓦从瓦口一直到屋脊直着铺上去，然后两个口瓦扣一个筒瓦，过去都扣，扣上的话缝子就渗不下水来，现在也有不扣的，以前不扣也不会渗水，以前调的那个泥能防水，扣瓦更好。

问：我看到当地民居很少有滴水和猫头，但是庙里会有，这是为什么？

答：一样，现在的瓦上面都有滴水的，猫头就是扣在筒瓦的头上，就是为了好看，没有猫头的话就抹泥就行，条件好的就买。

问：主家找您以后，您是怎么管理这些工匠的呢？

答：我在碛口的时候，有那个碛口工队的证书，很久以前的，工队不是固定和长久的，都是七零八散的，干活的话需要我去找人。

问：人员组织好了以后，接下来要准备什么呢？

答：如果修石窑，那就要去山上开采石头，都是自己打石头。先用火药开山，自己去做火药，用化肥和粗糠（小米壳），拿火一炒，兑上十几斤，再用糊窗户的那种麻纸，做成引子，用粗一点三尺长的钢筋，片开刃以后，用开口钳打个炮眼，一般要打个五六尺深，再把火药放进去，麻线得放进去一半，差不多二尺。

问：麻线露出多少能保证人员安全呢？

答：那个说不准，来得及跑就行，因为这个自制的火药燃起来比较慢。

问：开采好的石头怎么运下山呢？

答：人工背下山，石头切割成9寸长，6寸宽，20厘米厚的，我们叫九六石头。

问：石头采下山以后，还需要准备什么材料？

答：石窑的话就是石头，剩下的就是泥灰和白灰。

问：白灰是从哪里来的呢？这个石灰能自己烧吗？

答：石灰是用那个灰石蛋（河里捡的鹅卵石）烧的，也有专门有烧白灰的。自己也能烧，但是很麻烦，首先地里面要先挖个沟，有1丈，3米多深，再用二尺多方的柴火和碳去点着，底下放上青石板，再放上石蛋，一层一层的，烧半个月。

问：主家把材料准备好了以后，怎么开始动工呢？

答：先出面子石，再挖地基。

问：现在建房子还请风水先生吗？还有哪些需要什么仪式的么？

答：请，看看地基和开工日子，主要还是合龙口，其他的不重要，放鞭炮的也很少。合龙口就是匠人撒撒五谷，龙口里面放上纸笔、7个铜钱，龙口里面还有古书，里面可以有字，没有画人就行，怕画画里面有人作怪，有字的话意思就是这家里出高才。以前放铜钱，前段时间放银元。主家放炮后，龙口上泥，合上砖，五谷一撒，就完成了。

问：窑洞建造的时候停顿了有什么复工仪式吗？

答：没有。

问：开工以后地基一般挖多深？什么时候开始放线？

答：开工后要先放线，线弄好了以后，就开始挖地基，然后开始修窑腿，如果土质好的话，窑腿底下垫了根石，上面三七灰土填到一尺多深，夯实到跟地平一样平就行。三孔窑的话，从窑面开始修，到窑掌，四个窑腿同时起。

问：窑腿一般起到多高？窑腿是实心的吗？

答：窑腿起个2米，一层一层地起。窑腿是实心的，一层一层的，铺上泥，再用碎石头填缝。

问：窑腿宽度一般都是多少？砌的顺序是怎样的？

答：一般的窑腿是50厘米宽，两边的要5尺，大概1米半。

问：窑洞上会有神龛吗？位置和尺寸是多少？

答：有，一般是祭天地爷、灶王爷。天地爷是在正中间的窑腿上，正面对着窑洞，最高处和窑腿顶差不多，宽二十几厘米，高也25厘米左右，一般右面是天地，左面是灶王。

问：这个神龛一般做雕刻吗？

答：有的雕有的不雕，看主家条件。

问：窑腿砌完了以后是开始砌拱券吗？

答：对，先用木料做个圆的木架子，90%的工匠都是用圆架子，架子的第一根横梁有1丈长，第二根有2.2米长，根据这个木结构，用小石头把木架塞成个圆的，铺上泥拱成圆形，再开始砌拱券。这部分是大木架，木柱子钉在架子下面，拆的时候，先把顶上的小石头拆下来，再把椽子一根一根的卸下来，最后把柱子底下的石头抽走，拱券的石头用楔子顶住，两块石头之间放两个楔子，搭拱券的石头后面和前面都要错开咬住。

问：拱券的形状是怎么确定的呢？

答：先找出窑洞的中线，窑的高有3.3米，从这个中间1.8米的位置画弧，另一种窑是2米的位置，在两个窑腿之间的65厘米处各画一个圆，中间有11厘米，5.5寸，两个圆交起来的弧形，就是这个券。

问：窑的大小都是一样的吗？我看过西湾的窑洞，就不太一样。

答：也不一定，但是都差不多。我以前听老人们说，西湾人家修一个大门就可以把全村的院子都串起来，西湾的地形特殊，家族关系复杂，窑洞不一定能盖得大小一样。

问：窑腿到拱券过渡的这个位置叫什么？构造是怎么样的？

答：这个叫“个叉壕”，里面就是填的土，一起夯到顶就可以了。

问：拱券券好以后要多长时间可以拆木架？

答：窑顶垫好土以后就可以了。

问：窑顶上的土要夯实吗？覆土多深呢？覆土后上面还需要做什么设施吗？

答：要夯，但是不能太用力，差不多就行，填土1.5尺就可以，差不多50厘米，夯实以后，有钱的人家会再铺层砖，没钱的就夯土就行了。

问：窑顶弄好了以后，檐口怎么处理？

答：以前的房子有厦子和耍头，石条插在距离窑顶大概60厘米位置，每两个石条隔五尺，不管在哪个位置，把檩子放在石条上，石条有两个口，上边的那个承重，底下的架住上面的檩条，然后椽子就搭在檩条上，椽子的上面插在墙上，墙后面还有个“爬墙檩”，和底下的檩一个样，椽子直接搭在这个檩条上，用钉子固定住就可以了，这个叫“耍头厦檐”。这个厦檐顶上的结构和脊一样，这个上面是花栏墙，就是砖不一样，样式不一样，瓦房上就是放脊，这个上就是放花栏墙。

问：这个石窑的花栏墙是一直就有的吗？

答：有年头了，几百年了，老辈子就有。

问：耍头厦檐的石条一般有雕刻或者装饰吗？

答：这个也比较少，石条上一般刻个圆鼓鼓的书卷子。

问：窑洞的院子一般有规划吗？下雨的话，院子的排水怎么组织？

答：没有，宽敞就行，也得看地形，院子有水道和水孔，排水一般是东高西低。

问：大门都在窑洞的哪个位置？

答：这些门都是老以前留下的，一般不正对着窑洞，古的时候有的怕不吉利，有的会在外面修个廊，没有地方的，会在里面修个照壁。

问：一般修几孔窑？

答：一般修三孔，也有修五孔的。基本都是单数，3、5、7、9、11孔，很少有做双数的，现在的新的房子，街道办事处、办公室啊之类的不在意这个。

问：盖一孔窑洞大概需要多少石头？

答：看窑的深度，两丈深的窑，九六的石头，两个半米多，按50厘米算，四个石头是1米，两丈就是28块，按30块算，一块石头20厘米厚，2米就要10层，一层是30个石头，这就300个石头，两边就是600，窑背1丈宽又是600，窑“拉雀”（拱券）1丈，宽，一半5.5尺，2米高又是10层，一支就是600块，两边一共1200块，叉壕算600，一共3000块石头，一个人工一天能打50块。

问：石头大小一样吗？最后怎么保证石窑平整？

答：有尺寸，三七的就是37厘米长，厚度都是20厘米，两个配一起，20厘米和17厘米，或者一个长的压着一个短的错开。

问：窑洞修完里面要装饰吗？

答：以前没有，后来就是里面抹一层白灰和沙，兑料不恰当，窑洞室内的墙皮就会脱落或者有裂痕，在以前还要破灰泥（三七灰土），破灰泥打好以后，在上面铺一层白灰就可以了。

问：嗯，天色有点晚了，师傅您辛苦了。我们今天就到这里，以后有需要我们再来拜访您。

答：好的。

5.寨则山村陈贵生

采访时间	2016年8月21日 上午9:00	
采访地点	山西省碛口镇寨则山村	
被采访人	陈贵生	
出生年月	1952.8.10	
工匠种类	泥瓦匠	
祖籍	寨则山	
采访及整理	韩丽君	

问：您的祖籍是哪里？

答：我的祖籍就是寨则山。

问：您以前受过什么教育？为什么要学泥瓦匠？

答：我十岁的时候父亲就去世了，13岁小学毕业后就再也没上过学了，14岁的时候就帮着母亲做买卖了，我就开始一个人生活了。我也没什么文化，这是一个学习的年纪，找工作也不容易，那个时候就是觉得当个教师一个月也才挣20多块钱，干这个能挣60多块钱，就觉得干这个比较合适。

问：您从多少岁开始学泥瓦匠的？有没有拜师？

答：我16岁的时候开始跟着师傅干小活，16岁的时候，砖也能搬得动了，我的师傅比我大十岁，也没有拜师什么的，就是看你有没有这个能力，有没有学这一行的能力，师傅怎么干，我就看着学，学了有三年多吧，其实17岁上就能赶上师傅了，师傅在前面走我就在后面走，赶上师傅就溜盘盘了。

问：那他是怎么看怎么考察你的呢？

答：一个是看你写的字，写得好点就显出来了，再就是看你的技术，一个人有一个人的特长，他看你有干这一行的能力，就专心培养你了，别怕苦怕晒，跟着他学就行，给你个好师傅你就跟着好好学，我的师傅叫陈文玉，也是寨则山的，他挺有名的，去世了有二十多年了，在我们这个地方，他的父亲在这一行也是有名有氏的。

问：您在和师傅学习的时候，做工程都是怎么分工的？

答：以前的工程和现在的工程不一样，像在我们小时候跟着师傅做工程，可以随时做，师傅丈量着过，做一天给一天的工资，师傅基本上不工作，指导我们工作，管着我们一伙人的安全问题，一个大工一天是两块，那时候也就是（20世纪）60年代初，就是这么个工资。每天干完活主家给工资，我的师傅不在这个上面抽我们的提成，对我们比较好。有时候帮他家里干活还请我们吃饭，在1966年1967年的时候，能吃上一顿黄面就是挺好的了。

问：那个时候你们的吃住都是谁负责呢？

答：主家负责，现在都是白面。以前十天吃不上一顿饭，半年、一年才能吃上一顿好的，吃得最多的就是玉米面，小米面，那个时候基本上没有吃白面的，到后来改革开放才有。

问：那您什么时候开始自己工作呢？

答：我学得比较快，几个月就出师了。我师傅比较厉害，很有名气，有人盖房就找他。

问：那您什么时候开始带徒弟了呢？

答：没有，那时候很难，后来带了一个小舅子，我那时候得三十多岁了，我年轻的时候他不愿意跟我学，后来看见这行还不错，才决定学，我就让他当了个小工，师傅怎么带我我就怎么带他，没有那些形式。

问：当时做泥瓦匠工资是比较高的是吗？

答：给国家干的工程，标准工资是两块八毛六，给个人干，管吃管喝三块钱。比较当时情况，县委书记一个月也就挣七八十块钱。

问：师傅怎么避免安全问题呢？

答：到了晚上，我们都在一个屋子里，聊这两天怎么干的，比如搭架子，如果不熟练的会不安全的就不让他去做，有的比较专业的就让他去。

问：你以前盖房都是盖哪些类型？

答：盖窑洞，平房也盖。

问：您跟师傅学的时候的这个建筑和您后来自己干的时候有什么明显变化吗？

答：变化很大，大概是（20世纪）八九十年代，人们富裕了，盖房子都浇筑水泥板，以前叫洋灰，现在叫水泥，以前很难买到，老百姓都用白灰。

问：白灰都是自己做的还是买的？石灰怎么烧？

答：一般都是买的，（20世纪）60年代的时候，生产队有生产这个，我们那时候一百斤熟白灰一块钱，石头都是大家在秋水河河滩上取的，都是大青石。先挖个6～8米的地窖，打成圆形的，方形的容易跑气，石灰就不容易熟。首要要在地窖底下点着柴火，然后上面放上石炭，大概是30厘米，一层一层的就是五六米，光地窖的那一层就有3米多，外层也有6米多。地窖有一个一米多的小口，再找个大的吹风机，没有的话就用“斜插”把火烧起来，烧成白色的了，炭就烧化了，就变成灰了，青石也就变成白色的石灰了，然后就能拉出来了，包起来，不要让风刮走，也不能受潮。四百斤石头才能烧出一百斤白灰，老百姓都是买过去盖房子的，如果白灰里掺别的，盖出来的房子一下雨屋里就会进水，所以老百姓只要石灰板，不要石灰面面。老百姓用的时候，先在地上挖一个洞，然后把石灰板打碎了放进去，就变成白灰了，掺水搅拌后烧熟，就可以用了。

问：烧熟石灰水的石灰板和水的比例是多少？

答：这个没有详细说法，石头遇水就化了，然后用铲子把水泥和渣子一和倒在土上，就能盖房子了，土也有讲究，一般都用十方土。一般老百姓盖房是个大事，光准备石灰就要一个多月，十月盖房，九月就要开始准备这个。这个是最难的，都要人们一点一点地打沙土堆，现在不一样，现在人们都有搅拌机了，当时没有，只能找身体强壮的小伙子们使劲地打，把这个打均匀仔细了。

问：以前这个白灰是怎么用的？

答：在砖两边各点一下，然后用小刀在夹缝里面抹一下白灰就行了，那时候房子都是这么建的，现在就是用水泥，沙子搅拌机搅拌出来的。以前条件不好，盖房只能是一层老砖，一层新砖。这样一点一点掺和起。底下八层砖，中间预先留一个洞，上面再砌上八层砖，把泥浆灌下去。这个泥不能稀也不能稠，土占80%，白灰20%，把泥浆倒在砖缝之间让它自然流下去，这样出来的叫灌缝墙，这个灌缝墙正面是看不见的，之所以要留这个缝，以前是用来防风防潮防震的。

问：现在和原来比，房屋是不是更结实？

答：不是以前的东西结实，是现在的人们偷工减料，那时候是石头的就是石头的，石灰就是石灰，人们也肯干。

问：以前建这个窑洞是用石头的多还是砖头的多？

答：这个要看条件了，有的贫困的靠石头就住石窑，后来，石头的不平，出面子费事，不像砖窑平整，就开始做砖的了。人家条件好的就不用石头，有一句老祖宗传下来的话说得好，人善老掘石窑，牲口吃老石槽。谁家没钱才置石窑，有钱的人才用砖窑，石头的太费事，也太难弄。从（20世纪）80年代起，人们就都开始用砖窑了。

问：建房子前要请风水师相地么？风水师怎么相地？风水先生决定哪些部分？

答：大部分人会请，土地有限的时候，左右两边都有房子，中间空下的地要修窑洞，不请风水先生。风水师是迷信的说法。风水先生主要定下窑洞方向线，方向线可以前后移动。其实匠人也可以定，匠人用方尺量好。主家请风水先生定窑面的方向线，我就去拉线，主家没有请就匠人定。

问：动工有什么仪式么？谁来主持动工仪式？

答：有动工仪式。放炮仗，做上杆子或者高树上挂上红布，平地上，烧3支香3张纸。工匠和主家来主持，烧香倒酒。在窑洞中间的位置布置桌子，桌子上放上小吃，用面捏上三牲（猪羊鸡），倒上酒，因为太岁（土地爷），怕酒，然后把酒倒在窑洞的中间。后来主家给工人一包烟，做好的面三牲，主人与工人就分着吃了。主要是敬太岁，保佑平安。

问：建窑洞没有什么仪式么？

答：有些资金不足的主家，建好窑洞主体就要停工，等资金够了，开工再做。资金充足的主家就一次性做好。

问：建到中间停工，然后复工时候，有什么仪式么？

答：没有，合龙口有仪式。

问：开工有时间要求么？

答：不一定，有的人提前会看好日子，有的人不讲究时间。有的人找人看日子，会找很多人看，日子也定不下来。有的人找一个人看好日子就完了，都不一定，大部分是初三、初六、初九动工。姓陈的人家忌3月、9月，尽量3月、9月不要动工，姓王的、姓刘的、姓白的忌6月。

问：造房子谁来监管？如果您来监管，别人怎么称呼您？

答：造房子有名气的人。贵生也行，陈师傅，什么也可以，不是很讲究。

问：当地主要是修建锢窑，还是靠崖窑？

答：锢窑多，99%是平地上建的，之后就是平房，没有靠崖窑，建土窑需要靠着土山建，一般没有这样的环境，只有铁路边上有两家。

问：窑洞一般建几孔？根据什么确定？

答：以前是3孔、5孔、7孔，现在，主要是根据地的大小来确定。（20世纪）七八十年代开始批地，村里刚开始批下的地是长6丈，宽5丈，能盖4孔窑洞。

问：什么时间开始实行批地手续？

答：1982、1933年开始实行，批地的程序，根据家里的人口居住情况，个人填写申请表交到大队里，大队里研究后，再交到县里政府，县里批下2分地才能建窑洞。以前，由于生活贫困，没有人修窑洞。1950～1975年之间，修窑的少，整个村里大概修了8、9孔，其中六七孔是我修的，从（20世纪）80年代开始建的就多了。

问：地确定好了以后就开始放线吗，怎么放线？

答：以前师傅是挖开十厘米宽的一个槽，把水放在里面，拿上个棍子两边插上，把线捆在两边的棍子上，后来（20世纪）60年代到80年代提倡那种长的水平，但是那个不准，（20世纪）80年代以后，我在外面打工的时候，南方的施工队都是用3毫米粗的水平管，灌上水，也是看高低，再做标记，和以前用的那种道理一样，现在高科技的都用水平仪还有红外线测平仪。

问：开工以后是先挖地基吗？

答：先挖地基，根据土质，挖的深度不一，挖到土质差不多的地方。墙有多宽打多深的地梁，老辈子50厘米的墙，地面要挖它的一倍到1米了，放线的时候地基要比墙一边多出来1/4，底下铺乱石，用泥一踩，上面用石头，错缝铺开，这样地基更稳固，地形松就挖的深一点，地形硬就可以少一点，挖上个1尺就可以了，填到跟地坪一样就行了。大部分人选地的时候，一般土质差别不是特别大，垫上的20厘米土就可以保证不沉降了。

问：打地基的时候，如何做防潮？

答：根据地基高低，一般把地平提高30厘米。提高地坪后，找平，为了防止高处的水落下，灌到房子里，石头里灌得缝泥可以阻止水往房子走。

问：砌筑窑腿的顺序是什么？窑腿的宽度怎么确定？

答：先做前墙，再做后墙，最后砌窑腿。宽度一个是看地面有多宽，有的窑腿，中线墙49厘米，24厘米的砖，1厘米的泥，有的37厘米，就是一砖半，有的是为了看起来协调，也看你的窑洞能承受多大的力。1丈宽的窑，修成这种老样子的就要49的墙，修成现在这种的，也叫“一门一窗”，就用37的墙就够了。这个券的高度以前是1.7米，现在都改成2.2米了，为了好放家具，这个窑洞的尺寸也慢慢跟着变了，再比如这个双圆心的能承重3万斤，单圆心的就承受不了这么重。

问：窑洞的边墙和中间的窑腿的宽度一样吗？

答：不一样，最边上的最少1.6米到1.7米，底下地基就得有2.3米，一边多出个30厘米，往上慢慢收到一边多出个15厘米。

问：窑腿建多高后开始起券？

答：（20世纪）六七十年代后， 大部分1.65米、1.66米，券是大圆。为了摆家具，1992、1993年就是2.2米、2.3米。

问：拱券的宽度与腰腿的宽度有什么关系吗？

答：石头窑腿要做到2尺多宽，拱券越宽，窑腿能承受的压力越大就越结实。

问：拱券要做几层？

答：三层，第一层放上一层15厘米的砖，第二层为了省料放卵石碎石，放一层石头灌一层泥，第三层压上一层砖，起加固作用。石头砌墙是先用石头砌，做一层石头，灌一层泥找平后，再做下一层。

问：窑腿要做防水防潮么？

答：只有地基做防潮。现在在地基的石头上抹上一层水泥，做防潮，过去是在地基的表面再铺上一层泥，比如一尺的地基要做到一尺三，做3厘米的防潮，这就是地基防潮。

问：窑洞的墙角怎么砌筑？

答：四个角用七分砖，错缝搭接，连成一个整体拉结。在砌平房的时候，看墙皮有多厚，定下木头的直径。比如49的墙，两边留下10厘米左右，把20厘米木柱立着放在墙中间。墙身5米高，没有5米的柱子可以两个木头接成5米高承重，放在墙里。窑洞的墙比较厚就不需要柱子了。

问：窑腿需要收分吗？

答：以前窑洞边墙1米收1厘米，中间的窑腿不收。现在的墙都是横平竖直的，双层的窑洞也不收分，收分是为了抵消拱券对它的推力。

问：石窑砖窑要在窑腿上砌壁龛么？一般在多高的位置砌？

答：主家决定。有讲究天地的，一般在四尺左右高的位置做神龛，下边离地面要1.2米、1.3米左右高，神龛里面高度有一尺二三，前面的高度是9寸，后面高主要是为了烧满尺香，以前在放满米的香炉里点满尺香，为了神龛能放下，高度就是一尺二三。宽度是按窑腿做的，比如，49的窑腿，神龛要15厘米。

问：背对窑脸，左边供什么？每个窑里都要有壁龛么？还是只在中间的窑洞里做？

答：左边供天，右边供地。现在，做在正面的窑洞里的居多。比如三孔窑，有四个窑腿，在中间的两个窑腿上做，一天一地。如果是4孔窑洞，在中间的一个窑腿上做天地两个神龛，天的神龛高，地的神龛低。

问：排烟道怎么做？

答：排烟道是根据炕的位置定的，一般正炕的靠近门的这边留一个孔，不正对门。排烟道走墙中间的预留缝，2个墙3个洞，灶与炕的排烟道是同一个。烟囱宽24厘米，太宽排不出去。排烟道用半砖立起来搭建，再用泥密封，防止烟跑出来。

问：拱券有几种形状？

答：有两种，半圆、扇形，尺寸不一定。有1米、1.3米、1.65米的，弧度1米以下的做不成。弧度大，窑腿高度就要低，弧度小窑腿就高。

弧度制作的方式：

(1) 做扇形的弧度，在窑的中线上确定一点，使这一点到窑顶端的点，左边墙起券的点，与右边墙起券的点距离相等，就做好了圆形的拱。

(2) 大圆要有交锋，将窑洞的中线，沿左右两边各移动五寸，右边的线上确定一点，使得这点到窑顶端的点，与左边墙起券的点距离相等，画出左边圆弧，同样左边线上确定一点，使得点到窑顶端的点，与右边墙起券的点距离相等，画出右边圆弧。

问：除了这两种，还有其他的么？

答：过去，还有一种拱券，从地面开始起拱，叫老狼券，没有固定的尺寸，一般也是3.5米。

问：支拱券的模架是怎么做的？

答：主要是根据木头的长短确定，以前这两边做上两根柱子，放上两个石头，横着放上一个木头，有三米三长的木头，就沿木头打上钉子，第二层木头是1米七八，每边退60厘米，木板上面搭石头或者砖，在木头上面，还横着两根椽子，人要站在这两个柱子上。在砌的位置有两根椽子，到了中间又是两根椽子，一般要用9根，中间的椽子不站人，剩下两根要站人。再放一层木板，人在上面站着，拱券不是人在外面拱，人在券里面拱。

问：模架搭好，怎么砌拱券？

答：用掺有麦壳的泥，支上圆形木头，糊到架子上，一个窑有几个架子，就是把架子这么摆上，糊上泥，主要看木头的长度，木头的长度达到窑长，一个架子就可以了。一般是2米的木头搭到8米的长度。现在都用钢管搭。架子放上去后，用泥糊起来，再把土垫上。前后高低不平要拉上一根线，然后用木板把它刮得圆圆的，再用土泥糊起来，浇点石灰上面一抹，就可以起券了。

问：券起了以后怎么办？

答：一孔窑全部完工后，再砌砖。两层砖上再弄点白灰。一孔窑需要多长的模架就做多长。主要是根据木头的长度确定，现在木料多为2米，8米的窑就需要4架。后面改进就拉成券了，不用木架了，前窑到后窑架上3寸的钢管，放上两个，搭起来两面。窑长度固定的情况下，木料长度长，搭的架子就少。把土泥一滚，跟着券做两层砖，再混上石灰和水。尺子量好后，做好标记，券上崩上线，跟上线做券就行。

问：砌券的砖缝怎么处理？

答：一层砖要加一层灰，跟上券的弧度做出来，缝均匀美观。到了圆弧的地方，不上灰，最后楔开缝子，把破碗的瓷片放进去，主要是为了没有缝隙，用锤子一捣，弧度就严实。然后把白灰混上水，灌在缝里。后来白灰里会增加沙子提高强度。前面再做上3层，后面每隔2.5米加固一道，后面把拱券做完后，后面的弧度都是用土垫起来的。全部做完后，人在里面把瓦子撤掉，灌进糊糊，干了就拆掉，根据放木料的顺序，先放的先撤出，后放的后撤出。然后再把里面砌的不需要的石头打掉。然后按照规程，刷泥，整理收拾室内。

问：填岔子，怎么填？如果是石窑用什么填？

答：一层石头，打岔皮。外面是石头或者砖，里面垫土，一直到窑顶，壕里面的土每垫30厘米厚，拿石杵墩平，两个壕填土的时候，要同步进行，不要差别太大。垫土到与拱顶平齐后，接着垫土，每垫30厘米厚，拿石杵墩平，夯实。

问：窑顶刚开始填土的时候可以用力夯实吗？

答：对，夯。顶上要垫1米的土，窑顶在垫土达到30厘米后，才能使劲夯。

问：从拱券顶到窑顶是多高？

答：上面覆土有1米七八。覆土多，冬天保温好，夏天凉爽。

问：夯土前，土里需要添加什么东西防水吗？

答：不用，有些做的时候会在窑顶上铺上一层砖。不怕下大雨，怕下小雨，小雨不流水，会往下渗。

问：窑顶上有坡度么？坡度是多少？

答：有。一米有2厘米到3厘米的坡度，主要是根据地形确定，有的往前走，有的往后走，有的人怕水流到院子里，溅水花，屋顶的水就往后流。这样窑脸就不用往后退了。主要是看后面的地界是不是主家的，是主家的就可以往后面排水，不是就要排到院子里。

问：排烟道到窑顶怎么处理？烟囱伸出来多高？烟囱的顶上要盖什么东西么？

答：从墙体伸到屋顶上，烟囱不一定，有的1米，有的1米多，也有不做的，有的为了美观，要盖上个花样，有的盖上两个砖，留下四个或者六个孔，顶上盖着。有的人觉得麻烦，就随便做了。

问：窑顶一般做檐口么？做几层？

答：做，有3层、2层、1层都有。斜放每一砖伸出12厘米，侧面看是整齐的。平放每一砖出6厘米。一般最多做4层，层数越多，用得砖越多，前面出檐的距离越远，容易掉下去，就越危险。后面要用土垫，要砌一米多的墙。砌三层，出檐24，砌4层，出檐49，后面要做50厘米。墙上，再把瓦放在上面，把花栏墙做完。

问：花栏墙是怎么砌在檐口上的？

答：在墙上，退回去，材料剩的多就多摆，剩的少就少摆点。石头不通透，排不下来，容易堵，花栏墙的厚度就是一皮砖的厚度。

问：花栏墙的样式有多少种？

答：很多。有的砌喜字，有的砌吉字，有的是十字，有的是灯笼，有的是梅花，有的是米字的。

问：砌花栏墙砖瓦不限么？

答：根据主家的经济实力定，经济实力强的主家愿意花钱砌得花样好看，有的人会砌十字，有的人会砌米字，像米字的花栏墙要砌十几层或者五层。

问：窑洞里面都怎么处理，室内还抹灰吗？就像我们这平地的锢窑，怎么抹灰？

答：就是用沙白灰，在地面上刨开个坑，把沙子、碎泥和白灰和水放进去，平铺上纱布，为了取出来的灰白白的，以前就是抹土泥，把麦子杆打碎了铡成短的五六公分，然后把它和黄土混在一起，结成面嘎子，它不易往下掉。最下面这一层都是白灰，用纸浆，就是废报纸，是那种纸，那种纸造价太高了，把它往水里一泡，就这么着，放进水里，再晾干，用生碱，把它化生水，冷水热水都可以，泡完以后拿纱布把它弄干，再用碱化成水，都混在白灰里面。一个屋子要用十几斤纸，还有头发，理发店有，混在泥里基本看不出来，就是起着加强的作用。

问：抹完以后，麦子节会不会露出来？

答：不会，和泥混在一块，就不会扎出来了，抹三层，把它贴平，就贴着这一层抹白灰，白灰和棉花，挑平一些，把软米磨成面，磨碎以后用冷水把它和面混在一起，和白灰一起涂在外面。一般需要二百多斤白灰，三、四公斤面吧，窑湿就用的少一点，窑干就用的多一点，湿的话就不用抹那么厚。多长时间干要看季节，夏天三五天就可以，秋季十多天，最长的就三到五月吧，秋天以后就变长了。

问：除了这两层以外还要防潮吗？

答：两层也可以了，这跟灶也有一定关系，在窑洞厨房里面，会有自行抽风器，就算有点湿气，热气也就给顶出去了。

问：室内抹完灰以后，是安装门窗么？

答：可以先装室内，也可以先装门窗。门窗不固定，以前的都是双扇门，大概是1.4米，单扇门尺寸90厘米，窗子小一点，随意的，一切随个人安排。

问：一般门窗裱纸，都裱什么样的纸？裱糊的纸一般能用多长时间？

答：就是村里卖的红色的纸，用糊浆，把面和上水，熬成糨糊。能用很长时间，一年多，然后再换新的，过年的时候图喜庆，老百姓会打扫家里的卫生，用沙子沾上水往下刷。

问：铺地是怎么铺的？

答：这个要先找平，因人而异，有的高一点，有的低一点。

问：那找好了以后怎么放这个线？

答：用水泥往差道的地方画上一道线，一层一层的，以前没有水泥的时候用白灰，用白灰扫一个缝，把白灰用水和好，把上面灌上那么厚，1厘米，不要太高了，叫它往下渗，不灌的话以后是不平的，灌了这1厘米，以后就不会下渗，就不会不平了。

问：我们刚才说的铺地的办法是什么时候的？

答：（20世纪）80年代以后的。就用土和砂子啊，有的高不了太多，有的高很多，主要看地形。

问：您当工匠的时候做过明柱厦檐么？

答：修窑洞主要以住人为主，不要求厦檐，（20世纪）60年代的时候，我盖过极少数。我在别的村里干过这样的活儿。新盖的窑洞没有带厦檐的，都是老的窑洞受到破坏后补修的。一般在这里都盖不起，修一孔窑洞3000块，然后加上厦檐，3000不够。主要是修大窑洞。后来，变成旅游村后，村里开始盖仿古的建筑。

问：修补的时候，都是从柱子底下垫的柱础开始修么？

答：那个叫固洞，大致宽度就是4厘米，柱子中间开个4厘米的孔，跟它卡在一起，石头上面要削掉一层，这样就不会来回摆动了。

问：柱子立起来以后怎么办？

答：柱子立起来，杖木放上，就连贯起来了。

问：怎么计算用多少椽子？

答：要知道房子有多宽，看情况，椽子距离大一点或小一点，30米长按20厘米，椽子用钉子固定。

问：柱子距离前墙多远？

答：2.5米左右吧，好的窑洞都要有2.5米，这个要两层椽子，大约高到3.4米就开始搭椽子，窑洞是3.5米，墙内还有柱子，那个柱子1.5米。

问：椽子铺完了用什么固定？

答：用细木板钉在椽子上，不要少于20厘米，厚度大概有三四厘米，订上以后再铺泥，铺完泥以后铺瓦，一层片瓦，一层筒瓦，两个片瓦中间盖一层筒瓦。

问：台阶需要的石头尺寸是多少？

答：有1米三四的，一层7寸，不到22厘米，要不然迈不上去，21到28厘米吧，现在楼梯都十二厘米了。

问：院子里的各个房间位置都是怎么布置的？

答：看你的地形，有正房和二房，正房主人住，二房子女住，一般长辈住中间，边房下人住。

问：这边的房子建二层的多么？

答：不多，也就四五家。

问：土窑怎么控制水平？

答：这主要是看技术的高低，后面低点也可以，后面打高了不好敲掉。以前打土窑，在面子前面挖个壕，里面灌上水，用这个当水平。

问：以后条件好了，想在土窑外面接口，这个过程是怎么做的？

答：和做窑一样，把窑腿砌好以后，在上面拱起券，把顶一压，和土窑挨上就行了，窑脸起码多出1米，3尺到5尺都行，也不用挖地基，直接立在土上就可以。

问：接口窑接好了以后室内也要加固吗？

答：用土泥拌起来抹一下。以前土窑比较小，接了口子以后里面还要再掏一掏，前后放上线，后面就和前面变成一个圆，窑上喷上水一点一点地往下敲，再跟外面一样大。

问：好的，就采访到这里，谢谢您。

后　记

最早到碛口古镇，是在2000年，为了调研黑龙庙戏台而去。当时我对传统民居了解极少，一门心思只想着正在承担的全国戏台的调研工作，心无旁骛。后来为调查戏台，又去过几次碛口，才逐渐对古镇众多的商号和民居产生了兴趣。时至今日，到碛口古镇的调研次数，已经很难说清了，至少在20次以上。

我们对碛口古镇的系统调查，是从2004年开始的。我当时刚刚参加工作，有一次和时任系主任的王岚老师交流中，得知暑假的古建筑测绘实习还没有合适的地方。我就自告奋勇，推荐了碛口古镇。也就在那年暑假，王岚老师、杨涵老师、罗奇老师和我带建筑学近50位学生，在碛口古镇进行了为期两周的古建筑测绘实习。临县人民政府对碛口古镇的保护非常关注，对我们的测绘工作提供了很大帮助。时任临县副县长的王成军、碛口镇书记赵如宁更是多次看望我们。

那一年我刚刚博士毕业参加工作，踌躇满志，精力也充沛。在2周的测绘实习结束之后，又带着四位同学（张轩、张宁、黄欢、郭腊梅）在碛口古镇周边的西湾、李家山、高家坪、寨则山等村落测绘了将近一个月。

就在那年十月，在碛口古镇召开了“中国·碛口保护和发展国际学术研讨会”。在会议期间，对两位老先生印象深刻。一位是陈志华老先生，晚上拿着竹竿，对着投影仪，在院子里如数家珍般、不紧不慢地讲述着碛口古镇的历史，诙谐幽默，妙趣横生，时不时调侃几句。另一位是谢辰生老先生。他是1982年中国文物法的主要起草者，德高望重却平易近人，当时已经近80岁，脸颊清瘦，经常面带微笑地宣传着保护这些民居的意义。他走到哪里，就宣传到哪里，言语切切，其精神令人钦佩。

第二年的九月，又在碛口古镇召开了“中国古村镇保护与发展国际研讨会”，由中国城市规划学会和山西省建设厅主办，规格比上一次高，规模比上一次大，来自国内外的50多位专家、学者参加了这一会议。最后，会议通过了非同寻常的《碛口宣言》。通过该宣言时，我等小辈激动万分。也回想到那年早些时候，李锦生（时任山西省建设厅总规划师）、张海（时任村镇处处长）、阴劼（日本大阪大学博士、北京大学副教授）和我，在北京的某宾馆熬夜起草该宣言时的情景。在碛口宣言正式发布前，许多人对该宣言草稿提了很好的修改建议。特别是建设部院的杜白操先生，字斟句酌，密密麻麻，做了很多修改。

在这次会议上，名师云集，大家荟萃。我等耳濡目染，受益匪浅。其中，有几件事，印象颇为深刻。一是陪孙大章先生考察李家山村。孙先生没有像很多人一样，只草草看看几个典型院落就结束了，而是几乎一个不落地看完了所有院落，不停地拍照片，向村民咨询。孙老当时已经70多岁了，还这么投入，如此敬业，其态度和精神实在令我钦佩。他热爱这些民居，心系这些民居，潜心于这些民居的保护与研究。二是楼庆西先生，彼时也是70余岁，但童心未泯，在孙家沟村调研时，和一群小孩围在一起做游戏，他甚为开心、耐心和投入，那场景格外有趣，也令人感动。十三四年之后的今天，这些往事都历历在目，恍如眼前。

这两次碛口会议之后，我们在碛口的调查和研究工作一直没有间断。2012年，出版了《西湾古村》；2013年，出版了《李家山古村》。现在经过团队的努力，《碛口古镇》也已编撰完成，即将付印。愿这些成果能够促进碛口古镇的保护和发展！

这些工作一如既往得到山西省住房和城乡建设厅的鼓励和支持。厅长王立业、副厅长李锦生、总规划师翟顺河等领导给予了积极支持；村镇处处长张海星、调研员郭创以及赵俊伟为了保证调查研究工作的顺利开展，做了大量的组织和协调工作！在现场调研中，碛口景区管理中心白永军提供了很多帮助。在此，一并表示真诚的谢意！

薛林平
北京交通大学建筑与艺术学院
2018 年 7 月 27 日